LA FACE CACHÉE DES BANQUES DANS LE MONDE

LES PRATIQUES MYSTIQUES ET DE CORRUPTION

DU MÊME AUTEUR

- ***Les défis du Mali nouveau***, *365 propositions pour l'émergence*, Amazon, 2013.

- ***Construire l'émergence, un pacte pour l'avenir***, *12 axes d'action, 100 propositions pour booster le financement de l'économie*, Éditions BoD, 2016.

- ***FCFA, Face Cachée de la Finance Africaine***, *Et si on vous disait toute la vérité sur le franc CFA…*, Éditions BoD, 2019.

- ***Le Sursaut, refonder ou s'effondrer***, *200 questions pour comprendre le Mali*, Éditions BoD, 2021.

CHEICKNA BOUNAJIM CISSÉ

L'émergentier

LA FACE CACHÉE DES BANQUES DANS LE MONDE

LES PRATIQUES MYSTIQUES ET DE CORRUPTION

© 2024, Cheickna Bounajim Cissé

Édition : BoD · Books on Demand GmbH,
In de Tarpen 42, 22848 Norderstedt (Allemagne), info@bod.fr
Impression : Libri Plureos GmbH, Friedensallee 273,
22763 Hambourg (Allemagne)

Impression à la demande
ISBN : 978-2-3224-9521-4
Dépôt légal : décembre 2024

Louange au Connaisseur de l'invisible et du visible

Paix et bénédiction sur Son Bien-aimé

« *Je n'ai jamais pourri la vie de quiconque.
J'ai juste dit la vérité, et ils ont pensé que c'était l'enfer.* »

Harry S. Truman

Chapitre introductif

« Les journaux regorgent d'histoires de braves gens pris en otages à la banque par des gangsters, mais ils restent muets sur les cas, pourtant plus fréquents, de clients pris en otages par leur banquier. »

Roland Topor

Ah les banques, ces machines à profit, ce monde étrange de chiffres et de lettres, des coupures craquantes aux pièces rutilantes ! Un mal nécessaire ? Un bien précieux ? Rien que l'énoncé du mot « banque » tonne, entonne et détonne dans la riveraineté des acteurs financiers, suscitant tantôt espoir, tantôt cauchemar. En ces temps de sécheresse spirituelle où rien ne résiste au billet de banque (« c'est un sésame et c'est aussi une arme[1] »), le banquier est un personnage troublant, qui suscite la fascination ou la répulsion, mais qui ne laisse jamais indifférent.

Dans la toponymie grecque, le terme banque renvoie à la table d'offrandes du monastère. Le métier de banquier, l'un des plus vieux au monde, a été pratiqué dans l'Antiquité, en Mésopotamie, au moins 2 000 ans avant Jésus-Christ. Les banquiers étaient alors « de simples loueurs de coffres et de simples prêteurs sur gages ». Il est reconnu que Hammourabi, sixième roi de la première dynastie de Babylone, fut le premier à édicter une loi bancaire (1750 avant J.-C.)[2]. Dans ce domaine aussi, l'Afrique fut quand beaucoup n'étaient pas encore. L'Égypte ancienne fut ainsi l'une des premières civilisations à organiser l'activité bancaire et en fit même un privilège royal, plusieurs siècles avant notre ère[3].

---
[1] Yves Theriault, Les vendeurs du temple, éditions de l'Homme, 1964.
[2] https://artkarel.com/tag/evangile-de-luc/
[3] https://www.persee.fr/doc/mefr_0223-5102_1977_num_89_2_1116

En Afrique de l'Ouest, les premiers guichets bancaires modernes apparurent à la fin du XIXe siècle. Un an après avoir été proclamé empereur des Français sous le nom de Napoléon III, Louis Napoléon Bonaparte signa le 21 décembre 1853 le décret portant création de la Banque du Sénégal[4]. Cette date consacre le démarrage effectif de l'activité bancaire classique dans la partie francophone du continent africain. Dans une zone en proie à de fortes tensions, l'activité bancaire reste rythmée par les sauts et soubresauts des acteurs financiers, de leurs pays de présence et de l'environnement mondial.

Dix-sept ans après le déclenchement de la dernière crise financière, des milliers de personnes en Occident, ruinées par les banques et dépouillées de leurs maisons, continuent de squatter les rues et émargent à la précarité. L'Afrique, la grande absente de la finance mondiale (1% des flux financiers), faiblement intégrée (5% des échanges internationaux) et fortement fragmentée (50% des pauvres du monde), n'a eu que les échos de cette crise internationale. À la périphérie des délices et des caprices d'un monde en perpétuels mouvements, elle pourrait se sentir heureuse de cette « immunité naturelle ». Pour autant, son système bancaire oscille entre sauts et soubresauts.

---

[4] BCEAO, Chronologie des évènements marquants de l'histoire de la BCEAO et de l'UMOA, septembre 2017, https://www.bceao.int/sites/default/files/inline-files/chronologie_des_evenements_marquants_de_l_histoire_de_la_bceao_et_de_l_umoa.pdf

« Il n'existe pas de banques en Afrique francophone mais des comptoirs financiers. » Celui qui avait prononcé cette phrase terrible n'était pas un agitateur du dimanche. C'était une référence de la finance africaine qui vient juste de nous quitter. Il se nommait Pierre Claver Damiba, premier président de la Banque Ouest africaine de développement (BOAD), ancien haut fonctionnaire international du Programme des Nations unies pour le développement (PNUD), de la Société financière internationale (SFI) et de la Fondation pour le renforcement des capacités en Afrique (ACBF). En octobre 2019, devant un parterre d'étudiants, de banquiers et de financiers, l'ancien ministre burkinabé se justifiait : « Lorsque vous allez avec votre projet auprès d'une banque, le professionnel qui vous accueille ne vous demande pas quelle est la rentabilité de votre projet, de votre entreprise. La première question qu'on vous demande, c'est quelles sont vos garanties, vos suretés réelles ? Et si vous n'en avez pas, le professionnel vous dit simplement qu'il ne peut pas vous accompagner. Et vous repartez avec votre projet dans le cœur sans pouvoir le réaliser[5] ». Le regretté économiste burkinabè n'a pas tort. En Afrique subsaharienne, les difficultés d'accès au financement bancaire des PME, qui représentent plus de 90% du tissu entrepreneurial, sont un secret de Polichinelle. Le déficit actuel de financement de ce segment essentiel de l'économie est estimé à plus de 300 milliards de dollars. Pour l'ancien

---

[5] https://lefaso.net/spip.php?page=web-tv-video&id_article=80204&rubrique3

dirigeant de banque Khalid Oudghiri, « le véritable drame serait que des gens ayant des idées et des projets prometteurs ne trouvent pas de moyens de financement[6] ».

La banque, ange ou démon ? « Dans les circonstances difficiles, les moines feront ce qu'ils pourront », ainsi s'exprimait saint Benoît en référence aux limites de l'engagement. Pendant les périodes de grand frémissement socio-politico-sécuritaire qui ont émaillé l'histoire récente du continent africain, et malgré le durcissement des normes réglementaires, les institutions bancaires se sont acquittées, du mieux qu'elles pouvaient, mais non sans peine, de leur double charge d'apporter de la confiance à leurs déposants et de la liquidité à l'économie. De nombreux dirigeants d'entreprises, promoteurs et ménages ne vous diront que du bien de leur banque, sans laquelle le projet de leur vie n'aurait pas vu le jour, leur affaire n'aurait pas prospéré. Et pour tout ce beau monde, le banquier est leur allié sûr, le partenaire idéal, et même le sauveur.

La banque, ange ou démon ? Sous un autre prisme, il suffit juste de tendre l'oreille lors des débats et des échanges consacrés à la bancarisation des populations et au financement de l'économie pour

---

[6] Compte rendu de la conférence Maroc Entrepreneurs avec Khalid Oudghiri, « La place des champions nationaux dans le développement économique du Maroc : l'exemple d'Attijariwafa bank », 10 mars 2005, www.marocentrepreneurs.com

entendre les établissements de crédit traiter de tous les noms d'oiseaux. À visage découvert ou sous cape, les critiques fusent de partout. Il est difficile de ne pas trouver un usager de l'industrie bancaire qui n'ait pas une belle (pour ne pas dire autre chose) histoire à raconter et à partager. Tenez, un de ceux-ci, rencontré au hasard lors de l'une de nos nombreuses escapades sur la Toile, s'indigne : « Comment nommer la banque aujourd'hui ? On n'y voit que du feu sans doute parce que c'est le pompier qui souffle sur l'incendie. » Nous-même, membre d'un de ces nombreux forums d'échanges, avions fait le constat de l'acrimonie de certains chefs d'entreprises, *"banquiphobes"*[7] peut-être, distribuant sans compter les formules incriminant les institutions financières : « Un banquier, c'est quelqu'un qui vous prête un parapluie par beau temps et vous le reprend lorsqu'il commence à pleuvoir », « les banquiers ne font que voler ; même les oiseaux s'arrêtent de temps à autre ». « La banque est un piège à comptes », disait le comédien Jacques Pater. « Lorsque vous déposez de l'argent sur votre compte en banque, il ne vous appartient plus vraiment. Par un jeu d'écritures, vous êtes titulaire d'un simple droit de créance à l'égard de votre banque qui vous doit votre argent. Donc lorsque vous entendez "il va falloir faire payer les créanciers privés", dressez l'oreille : on parle peut-être de vous », prévient Simone Wapler, auteure de l'ouvrage *Pouvez-vous faire confiance à votre*

---

[7] Néologisme désignant les pourfendeurs des banques.

banque ? (Ixelles Éditions, 2014). Tous ces griefs mettent en cause la politique de prise de risque des établissements bancaires jugée trop frileuse.

À quand les banques éthiques qui promeuvent les questions sociétales, environnementales et climatiques ? À quand les banques démocratiques « pilotées de manière démocratique par tous ceux qui sont concernés par leur activité – usagers, salariés, représentants de la société civile, actionnaires – participant à parts égales aux instances de direction[8] » ? Depuis une dizaine d'années, la banque française Monabanq tente d'« humaniser » ses relations avec ses clients. En ligne, elle signe non sans un zeste de provocation : "La banque qui met les gens avant l'argent", en cohérence dit-elle avec la raison d'être de son groupe d'appartenance Crédit Mutuel ("Ensemble, écouter et agir"). Est-ce à dire que les autres banques mettent l'argent avant les gens ? La question mérite d'être posée… Mais passons ! Pour donner corps à son slogan commercial, Monabanq souligne qu'elle est « une banque sans frais cachés » et qu'elle est « accessible sans condition de revenus ». Et, apparemment, ça marche. Puisqu'en 2024, elle est « élue service client de l'année pour la 8ème année consécutive[9] » En revanche, tout en collectionnant les distinctions et les trophées, elle enchaîne aussi les

---
[8] Attac & Basta ! Le livre noir des banques, LLL, Les liens qui libèrent, 2015.
[9] https://www.monabanq.com/fr/index.html

pertes : -16,4 millions d'euros en 2023, -17,1 millions en 2022, -12,7 millions en 2021 et -9,7 millions en 2020[10]. À l'évidence, la satisfaction des clients a un coût. Difficile, dans ces conditions, de concilier les affaires avec l'affect !

Que personne ne se trompe, la banque n'est pas une institution démocratique. Elle ne l'a jamais été nulle part et, ce n'est pas sous nos tropiques, qu'elle le sera. Les prises de décision en milieu financier sont à mille lieues des procédés de la cité antique d'Athènes, et en retrait de la célèbre formule d'Abraham Lincoln, tournée en lazzi pour la circonstance, « la banque du peuple, par le peuple, pour le peuple ». D'ailleurs, il faudrait bien être naïf pour penser que les orgies bancaires sont aseptisées. Elles ne l'ont jamais été et elles ne le seront jamais. Pas plus, elles ne pourraient être un refuge de bisounours et de câlinours, encore moins un sanctuaire pour les esprits faibles et les âmes sensibles. Les images exceptionnelles d'une rare intensité émotionnelle, remarquablement mises en scène sous le vocable RSE (Responsabilité Sociétale des Entreprises) et diffusées à profusion dans les médias et sur les réseaux sociaux par certains établissements de crédit, portant secours à des populations démunies ou épousant d'autres causes nobles, font partie des multiples facettes de la communication institutionnelle.

---

[10] https://www.pappers.fr/entreprise/monabanq-341792448

À vrai dire, les banques ne sont ni des anges ni des démons. Elles sont loin d'être des abbayes, même si la discrétion de leurs préposés et la retenue de leur management, enrobées sous le voile du « secret bancaire », peuvent laisser penser à des anachorètes. Selon une perception répandue, les banques ressemblent à des entreprises complexes et opaques dès que l'espace réservé à la clientèle s'estompe. Pour une entreprise qui collecte de l'épargne publique, c'est une forme de doxa qui brouille inutilement la réalité.

Le discours ambiant veut que le client soit roi. Mais, apparemment, c'est un monarque qui ne règne pas sur le secteur bancaire. L'avidité supposée de certains acteurs financiers en serait la raison. « Votre banquier est le seul commerçant qui peut vous prendre de l'argent sans vous demander votre avis et sans même vous avertir[11] », écrit Attac & Basta ! Les auteurs de *Le livre noir des banques* (LLL, 2015) indiquent que certains produits bancaires sont inutiles. Pour appuyer leur affirmation, ils prennent l'exemple « sur un package de 10 services proposé par Société générale, deux services sont utiles, trois peu utiles et cinq plus avantageux quand ils sont achetés individuellement[12]. »

---

[11] Attac & Basta ! Le livre noir des banques, LLL, Les liens qui libèrent, 2015.
[12] ibid.

La banque au carré rouge et noir n'est pas la seule indexée. Selon le rapport 2023 de la Direction générale de la concurrence, de la consommation et de la répression des fraudes (DGCCRF), une banque française sur cinq prélève des frais bancaires injustifiés ou excessifs sur leur clientèle. C'est ainsi que plusieurs banques ont dû payer des fortes amendes, en plus de l'obligation de rembourser leurs clients. L'une d'entre elles s'est vue infligée une amende record de 4,5 millions d'euros[13]. Même si ces banques sont frappées au portefeuille, ces sanctions paraissent peu dissuasives si l'on sait que leur montant est presque dérisoire par rapport aux 6,5 milliards d'euros de frais prélevés, chaque année, par l'industrie bancaire française sur leur « aimable clientèle ».

Ainsi donc, pour certains la banque serait synonyme d'« abus » et d'« arnaques », au point de faire tenir des propos pour le moins alarmistes à l'industriel américain Henry Ford : « Il est appréciable que le peuple de cette nation ne comprenne rien au système bancaire et monétaire, car si tel était le cas, je pense que nous serions confrontés à une révolution avant demain matin. »

---

[13] https://www.economie.gouv.fr/files/files/directions_services/dgccrf/dgccrf/rapports_activite/2023/bilan_activit%C3%A9-DGCCRF_2023.pdf

Un parlementaire français comparait, en des termes peu avenants, le banquier au "marchand de bonheur" : « Voilà bien des années que "le marchand de bonheur" ne se présente plus sous les traits du vagabond de Jean Broussolle, avec lequel les Compagnons de la Chanson enchantaient la France des années 1960. Le marchand de bonheur a pris les traits d'un jeune monsieur souriant et bien vêtu, portant toujours une cravate, respirant le sérieux et inspirant la confiance, assis derrière un guichet propret et en imposant par ses accessoires technologiques, à deux pas des rayons de toutes les tentations. Il a aussi pris l'aspect de dépliants et de prospectus alléchants, sur papier glacé, qui vous appellent par votre nom et vous font miroiter un crédit facile[14]. » Les marchands de bonheur sont-ils devenus des marchands d'illusions ? s'interrogeait l'homme politique français.

Les banques gagnent-elles à tous les coups ? C'est la fâcheuse impression qu'elles donnent surtout lorsqu'elles affichent des profits obscènes. Avec une pointe d'ironie mordante, Voltaire disait : « Si vous voyez un banquier se jeter par la fenêtre, sautez derrière lui : vous pouvez être sûr qu'il y a quelque profit à prendre ». Mais, en réalité, ce n'est qu'une vue de l'esprit. Les banques sont des entreprises mortelles. Elles naissent, grandissent et meurent. Et il arrive même qu'en cas d'accident, les

---

[14] https://www.assemblee-nationale.fr/13/rapports/r2150.asp

airbags (coussins de sécurité) censés être automatiquement activés ne puissent pas fonctionner ou même marcher et être inefficaces pour faire face à l'ampleur et à l'intensité du choc. La fameuse formule des spécialistes de broderie bancaire – « Trop gros pour faire faillite » – a montré ses limites. Entre 1970 et 2011, l'économie mondiale a connu 431 crises bancaires importantes. Le sémillant journaliste Adama Wade ne disait-il pas que « l'embonpoint n'est pas toujours synonyme de bonne santé » ? Certaines banques ont besoin de chirurgie lourde pour les remettre sur pied et, pourtant, on continue à leur administrer une tisane.

L'année 2023 restera comme le révélateur d'un nouveau dysfonctionnement financier à l'échelle mondiale. Elle aura été marquée par une succession de faillite de grosses banques américaines. Ainsi, trois banques régionales, à savoir la Silicon Valley Bank, la Signature Bank et la First Republic Bank, totalisant 440 milliards de dollars d'actifs, ont fermé les unes après les autres, en l'espace seulement de quelques mois.
La déflagration des secousses qui s'est propagée sur le continent européen a failli emporter la Suisse, fleuron de la finance mondiale. Le Credit Suisse, deuxième banque du pays avec 540 milliards de dollars d'actifs[15], s'est retrouvé en défaut de paiement en quelques jours. Il a été

---

[15] https://www.imf.org/fr/Blogs/Articles/2024/03/18/more-work-is-needed-to-make-big-banks-resolvable

racheté *in extremis* par le leader UBS avec l'intervention décisive du gouvernement helvétique. Pour l'histoire, il faut rappeler qu'en novembre 2022, Crédit Suisse avait payé 238 millions d'euros à l'État français pour éviter des poursuites pénales pour démarchage illégal de clients et blanchiment aggravé de fraude fiscale pour avoir dissimulé environ 2 milliards d'euros. Quant à UBS, elle avait été sanctionnée en février 2019 pour des faits similaires, avec une amende record de 3,7 milliards d'euros, une note qui a finalement été ramenée à 1,8 milliard d'euros en décembre 2021.

Faux procès, alors ? De tout ce qui se dit et s'écrit sur les banques, il y a certainement beaucoup d'inexactitudes et d'approximations qui auraient pu être rectifiées par les professionnels du métier à travers une communication raisonnée et ciblée, et ainsi éviter d'inconvenants ramdams médiatiques à leurs établissements.

Il faut tout de même rappeler que la banque est une entreprise comme toutes les autres. Elle gagne autant qu'elle perd. Même s'il est vrai qu'elle a le verbe haut quand le « génie sort de la bouteille » et fait profil bas en « période de vaches maigres ». À chaque messe médiatique, on joue des coudes pour écarter les rabat-joie, on s'assure sans cassure entre boute-en-train des « solides performances commerciales et financières » réalisées malgré une « conjoncture très difficile et instable ». Le tout arrosé par des trophées et des distinctions aussi prisés que grisés émanant, bien souvent, d'organisations sponsorisées ou parrainées. Et ce jeu continue jusqu'au jour où l'enjeu déjoue tous les vœux. Patatras ! L'oscar se transforme en canular, le caviar en cauchemar, le nectar en avatar... Et pataquès ! Le bénéfice devient un artifice, l'édifice un maléfice, l'office un sacrifice...

La finance mondiale est aussi souvent le creuset de pratiques mythiques, mystiques et mystérieuses. Pour la première fois, ce livre tente de lever un coin de voile sur cette face cachée des acteurs bancaires, à travers une série d'histoires romancées, aussi fascinantes qu'intrigantes, traitant du sel pour sceller, de l'encens pour encenser, de l'épicerie pour un récit épicé, du bronzage pour conquérir, du canapé pour diriger, du huitième ciel pour une ascension inédite, d'un duo pour un duel, du vampire pour le pire...

Chapitre 1

Les pratiques de corruption en milieu bancaire : l'eau est dans le gaz

« Ce que d'aucuns considèrent comme indécent, d'autres en remplissent leur récipient avec une indigne fierté. »

Proverbe africain

Dans son ouvrage *Combattre la corruption*, Robert Klitgaard, ancien professeur à Harvard, faisait remarquer : « La corruption est aussi vieille que le gouvernement des hommes lui-même. Écrivant il y a quelque 2300 ans, le Premier ministre brahmane de Chandragupta dénombrait "au moins quarante manières" de détourner des fonds publics. Dans l'ancienne Chine, on donnait aux responsables une allocation appelée *yang-lien*, c'est-à-dire destinée à "nourrir l'absence de corruption". » L'universitaire américain poursuivait : « […] Platon, dans les *Lois*, parle ainsi de la corruption : "Les serviteurs de la nation doivent s'acquitter de leurs services sans recevoir la moindre gratification." […] Se forger une opinion et s'y tenir n'est pas chose facile, mais c'est pour un homme le moyen le plus sûr d'obéir loyalement à la loi qui lui dit : "Ne rends aucun service en échange d'un présent"[16] ».

L'histoire retiendra que Thomas Jefferson, troisième président des États-Unis, a prononcé cette phrase terrible : « Lorsqu'une fois qu'une République est corrompue, il n'y a aucune possibilité de remédier à l'un des maux croissants qu'en supprimant la corruption et en restaurant ses principes perdus ; toute autre correction est ou inutile ou un nouveau mal. »

---

[16] Robert Klitgaard, *Combattre la corruption*, Nouveaux Horizons – ARS, Paris, 1995 (rééd. novembre 2006).

Selon le Fonds monétaire international (FMI), les pots-de-vin versés dans le monde coûtent chaque année 2% du produit intérieur brut (PIB) mondial, alors que les détournements de fonds publics représentent quelque 5% de la richesse mondiale, soit l'équivalent du PIB de la France[17]. Au total, le préjudice causé par la corruption se chiffre à plus de 4 600 milliards de dollars. Récemment, un scandale de corruption de haut vol a secoué l'Espagne. Le chef de l'unité anti-blanchiment a été arrêté en début novembre 2024, avec 20 millions d'euros en liquide retrouvés chez lui, soigneusement dissimulés dans les murs et plafonds.

En Afrique, selon les Nations unies[18], la corruption et le transfert de fonds illicites ont contribué à la fuite des capitaux (détournés et mis à l'abri à l'étranger) pour plus de 400 milliards de dollars, dont environ le quart proviendrait d'un seul pays, le Nigéria.

Le sujet relatif à la corruption est très sensible et même tabou. Dans le milieu financier, il règne l'omerta : les portes sont closes et les vitres sont baissées. Les quelques rares affaires frauduleuses qui éclatent au grand jour sont suffisamment médiatisées. Selon une enquête internationale

---

[17] https://www.lefigaro.fr/conjoncture/2017/12/09/20002-20171209ARTFIG00019-trois-chiffres-edifiants-demontrent-que-la-corruption-gangrene-le-monde.php
[18] https://www.unodc.org/pdf/9dec04/general_f.pdf

menée par un consortium de journalistes[19], ce sont au moins 2 000 milliards de dollars issus de la corruption, de l'évasion fiscale et des activités criminelles qui circuleraient dans le monde, à travers le système bancaire. Ce montant faramineux est l'équivalent de la richesse annuelle de l'Afrique subsaharienne ou 18 fois la taille du secteur bancaire de l'Union monétaire ouest-africaine (UMOA).

Les pratiques de corruption touchent directement l'image et la réputation des établissements bancaires. Durant toutes ces longues années, les dirigeants de banque, à travers le monde, ont tenté de « manger le singe sale en famille ». Oups ! Plutôt de « laver le linge sale en famille ». Peine perdue ! Il y a trop de linges sales pour peu de lessives. Certains clients et fournisseurs des banques parlent. Ils parlent même (un peu) trop. Les anecdotes et confidences pullulent et fusent sur des prétendues rétrocessions d'un pourcentage du crédit ou d'une commande ou d'une prestation à tel agent ou à un tel responsable de banque. Ce qui fera dire à un homme d'affaires africain que la corruption fait même partie du business plan des promoteurs de projets. Selon les Nations unies[20], investir dans un pays relativement corrompu peut coûter jusqu'à 20% de plus que dans un pays qui ne l'est pas.

---

[19] https://www.lesechos.fr/finance-marches/banque-assurances/des-centaines-de-milliards-de-dollars-dargent-sale-blanchis-par-de-grandes-banques-1244280
[20] https://www.unodc.org/pdf/9dec04/general_f.pdf

Faut-il alors en parler ? Faut-il avoir le courage de dire ouvertement ce que tout le monde pense tout bas ? Je ne veux pas remuer le couteau dans la plaie, oh que si ! Mes pourfendeurs pourraient me rétorquer qu'une poule qui se respecte ne pond pas ses œufs en public. Soit ! Mais je ne suis pas une poule – ni mouillée ni souillée. Tout au plus un coq, un coq qui fredonne les coquarts du poulailler. Et cela devrait se comprendre aisément, pour tout le moins que l'on puisse faire bonne recette de cette sagesse africaine : « Les poules voient le lever du jour, mais toutes préfèrent laisser le coq chanter ». Dans cette cavalcade où chacun parle pour sa basse-cour, faisons tous recette cette fresque de Montesquieu : « L'équité naturelle demande que le degré de preuve soit proportionné à la grandeur de l'accusation. »

Crevons maintenant l'abcès ! Mais avant, quelques mises au point sont nécessaires :

- Les banques ne sont pas des « OVNI », des objets venus de nulle part sans attache particulière. Elles exercent dans un environnement dont elles en sont partie intégrante. Or, personne ne peut ignorer, de bonne foi, l'existence de la corruption dans le monde et tout aussi dans les États de l'Union économique et monétaire ouest-africaine (UEMOA). Dès lors, comment les banques implantées dans cette zone peuvent-elles être exsangues de ce fléau ? Tenez, selon le classement 2022 de l'Indice de perception de la corruption (IPC) de Transparency International (qui n'est pas le café du commerce du coin), aucun des huit pays de l'UEMOA n'a pu obtenir la moyenne (50/100), et sont tous classés entre la 72ème et la 164ème places (sur 180 pays dans le monde[21]). Selon le Groupe d'action financière (GAFI), un organisme aussi discret que sérieux, le système bancaire est « le moyen le plus sûr et efficace » de mobiliser des fonds ou de les abriter, en particulier lorsque d'importantes sommes d'argent sont en jeu ;

- Dans le domaine de la lutte contre la corruption, les Autorités monétaires de l'UMOA avancent par dose homéopathique. Depuis septembre 2002, elles ont institué une directive de lutte contre le blanchiment de capitaux, complétée en juillet 2007 par une directive de lutte contre le financement du terrorisme et en mars 2023 par la lutte contre la prolifération des armes de destruction massive. Alors, une question de bon sens : pourquoi

---

[21] Benin 72e (43/100), Sénégal 72e (43/100), Burkina 77e (42/100), Côte d'Ivoire 99e (37/100), Niger 123e (32/100), Togo 130e (30/100), Mali 137e (28/100), Guinée-Bissau 164e/180 (21/100). Source : Classement 2022 de l'Indice de perception de la corruption (IPC) de l'ONG Transparency International; https://transparency-france.org/actu/ipc-2022-face-a-une-corruption-qui-genere-plus-de-violences-et-de-desordres-dans-le-monde-la-france-ne-peut-pas-se-contenter-dune-22eme-place/

blanchir si ce qui est censé l'être est déjà immaculé ? L'emblématique banquier Tidjane Thiam disait tenir de sa mère cet aphorisme : « Il y a une seule chose en ce bas monde qu'on ne peut pas vendre, c'est le bon sens[22]. » En septembre 2017, dans le cadre du renforcement de son arsenal réglementaire, la Commission Bancaire de l'UMOA a diffusé une nouvelle circulaire sur la gouvernance qui fait obligation aux établissements bancaires de se doter d'un « code de déontologie » ou d'un « code de bonne conduite »[23]. Est-ce pour garnir les rapports ? De façon plus sarcastique, est-il utile de mettre des gardes forestiers dans une zone où il n'y a pas de braconniers ?

- « Mal nommer les choses, c'est ajouter au malheur du monde », disait Albert Camus. Dans l'espace bancaire, la lutte contre les pratiques de corruption était enrobée sous le vocable « Bonne gouvernance », et depuis peu se retrouve en des termes angéliques « Déontologie » et « Ethique », pour tenter de donner

---

[22] https://reussirbusiness.com/itv-tidjane-thiam-credit-suisse-mon-parcours/
[23] Circulaire n° 01-2017/CB/C relative à la gouvernance des établissements de crédit et des compagnies financières de l'UMOA, article 43 : « L'établissement doit se doter d'un code de déontologie ou d'un code de bonne conduite visant, d'une part, à favoriser une culture d'intégrité et de responsabilité au sein de l'établissement et, d'autre part, à préserver sa réputation et celle de ses filiales. Le code de déontologie doit, notamment (…) interdire explicitement toute activité illégale, notamment la fraude, la corruption active et passive, les fausses déclarations financières, les violations des droits des clients, les comportements financiers répréhensibles, la délinquance économique, la violation de sanctions, le blanchiment de capitaux ainsi que le financement du terrorisme. »

un air nouveau à un vieux refrain. Aujourd'hui encore, même en Occident, dans les grandes institutions financières[24], la lutte contre la corruption, le blanchiment de capitaux et le financement du terrorisme, est emmitouflée dans un mot-valise « Sécurité financière ». En voilà une drôle d'expression ! Une autre tartufferie comme on en rencontre rarement. Si on en est à ce degré de sophistication langagière, c'est que les organismes de prêt ne manquent pas de talent et que les autres composantes de l'écosystème financier sont de moins en moins dupes. D'ailleurs, les établissements de crédit continuent de croire que face à la persistance des maux, il suffit juste de changer les mots. Pour ce faire, ils déploient des trésors d'ingéniosité pour ne pas employer les termes appropriés. À coup sûr, un jour ou l'autre, ils se réveilleront avec les coffres pleins de dictionnaires au lieu des liasses de billets. Dans la zone UMOA, quelques banques, peu nombreuses, se sont affranchies de leur mutisme en nommant la « bête immonde ». Enfin, pourrait-on dire ! Il s'agit principalement de filiales de certains groupes bancaires, en alignement aux politiques anti-corruption de leur maison mère. Là aussi, pour emprunter à une métaphore du secteur de

---

[24] BNP Paribas, 6 novembre 2023, https://cdn-group.bnpparibas.com/uploads/file/lettre_dengagement_dispositif_de_securite_financiere_et_de_lutte_contre_la_corruption_du_groupe_bnp_paribas_decembre_2023.pdf

l'automobile, s'agit-il d'un modèle d'exposition en attendant la production en série ? Au demeurant, les expériences salutaires, encore timides et à périmètre réduit, tentées par-ci par-là, ne peuvent pas inverser durablement et efficacement la perception, encore moins l'ampleur du phénomène de la corruption dans le monde et spécifiquement en Afrique.

- Ne faut-il pas appeler un chat un chat ? « Ce qui se conçoit bien s'énonce clairement, et les mots pour le dire arrivent aisément », disait Boileau. Les instituts d'émission de plusieurs pays en Afrique et dans le reste du monde ont formellement adopté des directives de prévention et de lutte contre la corruption, avec toute la précision sémantique nécessaire. Au Maroc, la banque centrale (Bank al-Maghrib) a adopté le 19 mai 2022 la Directive N° 1/W/2022 relative à « la prévention et la gestion par les établissements de crédit des risques de corruption[25] ». À cet effet, les banques marocaines disposaient de douze mois pour s'y conformer autant pour leurs implantations nationales que pour leurs filiales à l'étranger (y comprises celles exerçant dans l'espace UMOA). Mieux, les grandes banques marocaines, dont le total bilan excède 30 milliards de dirhams, doivent s'engager à la

---

[25] https://www.bkam.ma/Trouvez-l-information-concernant/Reglementation/Actualites

certification périodique de leurs systèmes anti-corruption par un organisme externe. En France, la loi dite « Sapin 2 » du 9 décembre 2016 relative à la transparence, à « la lutte contre la corruption et à la modernisation de la vie économique[26] », impose aux banques la mise en œuvre d'un dispositif renforcé de prévention et de détection de la corruption. Le Crédit Agricole est la première banque à bénéficier de la norme internationale ISO 37001 pour son dispositif de lutte contre la corruption.

- La dernière précision est de taille. Point d'amalgame ! Tous pourris ? Non ! Comme le dirait un dicton africain, ce n'est pas parce qu'un seul âne a mangé de la farine que tous les autres en ont le museau blanchi. Il faut donc nuancer et bien préciser. La corruption n'est pas le pain béni de tous les banquiers. Fort heureusement ! Il y a (et ils sont nombreux) des banquiers honnêtes, de probité et d'intégrité connues et reconnues du monde des affaires, qui vivent dignement du fruit de leur labeur et qui tiennent en sainte horreur la corruption. Ils s'investissent au quotidien, avec d'autres citoyens issus de toutes les couches de la société, à cultiver les valeurs nobles du travail.

---

[26] La loi Sapin 2 vient renforcer la loi n° 93-122 du 29 janvier 1993 dite loi Sapin 1 relative à la prévention de la corruption et à la transparence de la vie économique et des procédures publiques.

1- Définition de la corruption en milieu bancaire

En l'absence de définition formelle relative à la corruption dans l'espace bancaire sous-régional, il serait intéressant de s'inspirer de l'expérience marocaine et du modèle d'un des plus grands groupes bancaires dans le monde, en l'occurrence la Société Générale dont la filiale ivoirienne est la première banque de l'UMOA.

Bank Al-Maghrib associe au concept de corruption celui de trafic d'influence. Selon sa Directive N° 1/W/2022 du 19 mai 2022, « la corruption couvre en particulier et sans se restreindre à cela, le fait de solliciter ou d'agréer, soit directement, ou par tout moyen direct ou indirect, des offres, promesses, dons ou autres avantages, notamment pour « accomplir ou s'abstenir d'accomplir un acte relevant de sa fonction, accomplir ou s'abstenir d'accomplir un acte qui, bien qu'en dehors de ses attributions, est ou a pu être facilité par sa fonction, rendre une décision ou donner une opinion favorable ou défavorable. » Pour la BAM, le trafic d'influence « se définit comme étant le fait, pour les agents et les dirigeants d'un établissement, d'user de leur influence réelle ou supposée, au regard de leur appartenance à l'établissement, pour obtenir ou tenter d'obtenir des avantages pour leur propre compte ou pour le compte de tiers et ce, quelle qu'en soit la nature. »

La Société Générale[27] suit la même démarche. Elle estime que les pratiques de corruption sont intimement liées au trafic d'influence et aux « pots-de-vin ». Ainsi, pour ce groupe bancaire français, « la corruption dite active se définit comme le fait de proposer un avantage indu à une personne ou de céder à ses sollicitations (tendant à lui fournir un avantage indu), pour qu'elle accomplisse ou s'abstienne d'accomplir un acte lié à sa fonction. La corruption dite « passive » se définit comme le fait de solliciter ou d'accepter un avantage indu d'une personne, en vue d'accomplir ou de s'abstenir d'accomplir un acte de sa fonction ou un acte facilité par l'exercice de cette fonction. » Quant au trafic d'influence, selon la Société Générale, il est dit « actif » lorsqu'il s'agit de « proposer un avantage indu à une personne ou de céder à ses sollicitations (tendant à lui fournir un avantage indu), pour que celle-ci abuse de son influence en vue d'obtenir, au profit de la personne versant cet avantage, une décision favorable d'une autorité ou d'une administration publique. Le trafic d'influence dit « passif » est constitué par le fait « de solliciter ou d'accepter un avantage quelconque d'une personne pour abuser de son influence en vue d'obtenir, au profit de la personne versant cet avantage, une décision favorable d'une autorité ou d'une administration publique. »

---

[27] Société Générale, Le Code relatif à la lutte contre la corruption et le trafic d'influence, https://www.societegenerale.com/sites/default/files/documents/Code-conduite/code-lutte-corruption-trafic-influence-fr.pdf

S'agissant des pots-de-vin, selon l'acceptation du groupe français, ils se définissent comme « tout avantage, quelle qu'en soit la valeur, offert, promis ou accordé à une personne, directement ou indirectement, afin d'influencer sa conduite, typiquement en l'incitant à abuser de sa fonction ou de son autorité, pour permettre en retour un avantage indu ou une décision favorable. Ces avantages peuvent être très divers et recouvrent notamment : le versement d'une somme d'argent, en espèces ou sous toute autre forme (ex. : carte cadeau) ; l'obtention de remises ou de remboursements ; l'obtention d'un contrat de services, de fourniture, de crédit ou d'un mandat ; le fait de prendre une personne en stage, en CDD ou en CDI ; la communication d'informations confidentielles ou privilégiées sur l'activité d'une entreprise, ses clients, ses fournisseurs, ses projets en cours, ou de la liste de rendez-vous des dirigeants ; un repas ou un divertissement (places de spectacles, événement sportif, etc.). Ces avantages ne sont pas tous problématiques en tant que tels ; c'est le contexte dans lequel ils sont octroyés ou promis qui les rend susceptibles d'entrer dans le champ de la corruption ou du trafic d'influence ou de les faire apparaître comme tels. »

D'après Robert Klitgaard, ancien professeur à Harvard, il y a un niveau optimal de corruption, « au-delà duquel le coût de cette élimination serait si lourd qu'il l'emporterait sur les avantages ainsi obtenus ». Pour cet ancien professeur à Harvard, « le degré optimal de la corruption n'est pas le degré zéro » même si, reconnaît-il, cette position peut être choquante. En appui de son argumentaire, il a proposé une description schématique du taux optimal de corruption. Pour l'expert américain, « l'intersection des deux courbes correspond à la combinaison la moins coûteuse entre actes relevant de la corruption et efforts visant à la réduire. Ce point permet de repérer, dans le contexte où l'on se trouve, le taux optimal de corruption (point q*).

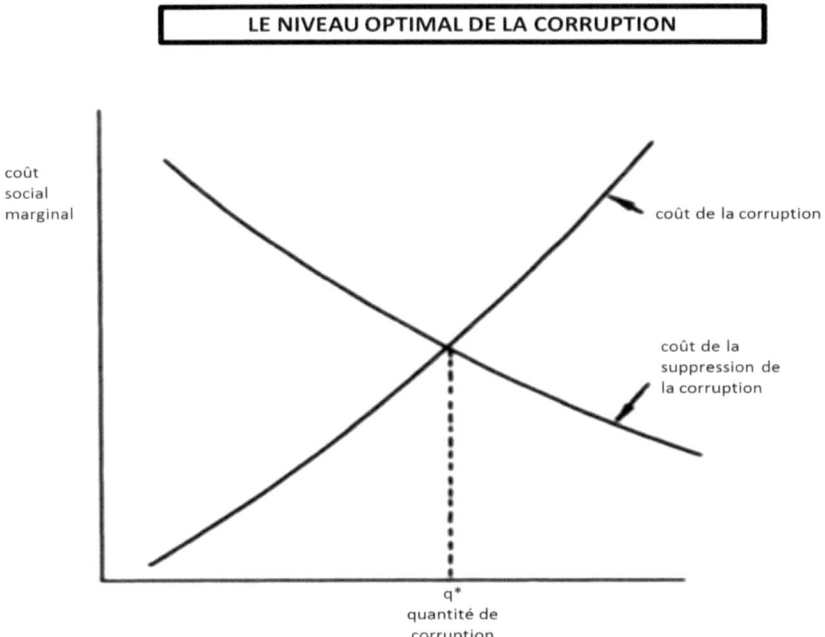

Source : Robert KLITGAARD, Combattre la corruption, Nouveaux Horizons – ARS, Paris, 1995.

L'expert américain ajoute que les formes exactes des courbes n'est pas l'essentiel, et que « la somme optimale des efforts anticorruption n'est pas infinie et que le taux optimal de corruption n'est pas égal à zéro ». Sa théorie lui a valu beaucoup de critiques et de réprimandes, à travers ses multiples conférences dans le monde. Ses détracteurs lui reprochent d'encourager d'une certaine façon la corruption ou de ramener la pertinence de la lutte contre ce fléau à un investissement productif où il faut toujours arbitrer entre les moyens à mobiliser et les résultats attendus.

À y voir de près, la contribution de Robert Klitgaard, bien que critiquable, n'est pas dénuée de sens. Beaucoup s'interrogent sur l'efficacité des moyens financiers et humains mobilisés pour la lutte contre la corruption. En dépit de la ribambelle de structures de contrôle et des énormes sommes consenties, le fléau de la kleptomanie financière ne recule pas. Bien au contraire, certains pays affichent les taux de prévalence de corruption parmi les plus élevés au monde. Les fraudeurs sont de plus en plus nombreux ; pire, ils se professionnalisent avec des montages souvent très sophistiqués. Depuis quelques années, on n'hésite plus à parler de démocratisation de la corruption. Et d'avancer la notion de « culture de la corruption » du fait que c'est un sport pratiqué avec talent par les professionnels de la discipline, tandis que les populations assistent, en spectateurs, à la confiscation du produit de leur labeur.

La corruption, l'analyse de l'OCDE

La corruption se présente sous de nombreuses formes. Corruption active, extorsion, fraude, trafic, détournement – mais aussi népotisme et connivence – en font partie. Les actes les plus directs n'impliquent pas toujours le versement de fonds ; d'autres « cadeaux » ou avantages, tels que l'admission dans un club très fermé ou la promesse de bourses pour des enfants, ont été utilisés comme « pots-de-vin » pour conclure des affaires. Quelle que soit sa forme, la corruption implique toujours un échange ; elle suppose qu'il y ait, d'une part, une offre (le corrupteur) et, de l'autre, une demande (le bénéficiaire).

(…) Il y a aussi différents degrés de corruption. Certains observateurs établissent une distinction entre la « petite » corruption et la « grande » corruption. La première concerne généralement le versement de sommes peu élevées à des agents publics de rang inférieur, dans le but de « faciliter les choses » ou de contourner certains obstacles bureaucratiques. À plus grande échelle, les cas des grandes entreprises multinationales versant des milliers, voire des millions de dollars à des responsables gouvernementaux ou des hommes politiques pour obtenir des contrats commerciaux lucratifs (…). Cette distinction ne signifie pas que certaines formes de corruption sont pires que d'autres.

(…) Lorsque la corruption atteint les institutions politiques et économiques d'un pays, ce n'est plus un petit groupe d'individus malhonnêtes qui est en cause, mais une corruption institutionnelle ou systémique. Ce phénomène se développe particulièrement lorsque les institutions sont en position de faiblesse ou inexistantes.

Source : OCDE, Enery Quiñones, Qu'est-ce que la corruption ?, en ligne : www.observateurocde.org

Ainsi, la richesse nationale est détournée à grand renfort de dépenses festives et pompeuses (mariages, baptêmes, décès) et recyclée, en large partie, dans des biens mobiliers et immobiliers, au profit d'une infime minorité de la population.

L'ampleur de la corruption peut se résumer par cette formule laconique : une tonne de textes, un gramme de résultats. Des réglementations, il y en a eu de nombreuses, au fil des ans. Toujours et encore plus fortes.

Chaque année, dans de nombreux pays, de manière sobre ou de façon solennelle, les structures de contrôle égrènent les centaines, voire les milliers de cas de fraudes et d'atteintes aux biens publics. L'impact de cette mauvaise gestion se chiffre à des milliards de francs. Ni la multiplication des structures de contrôle, ni la panoplie des mesures administratives et législatives, ni les pertes d'emploi, ni les interpellations des mis en cause, ni les privations de liberté ne sont parvenues à contrer l'hydre de la corruption. Pour tous, la corruption est un constat d'échec de la gouvernance. Presque toutes les indigences d'une entreprise y prennent source et se déversent sur l'image et la réputation du personnel qui en est la première victime. Attention ! Malgré la généralisation et même la banalisation de la corruption, personne ne publie d'annonces pour proposer des offres de corruption. Alors, où se trouvent les corrupteurs ? Comment parviennent-ils à repérer les corrompus ?

La corruption en milieu financier prend en otage la croissance de l'entreprise, annihile les efforts du personnel, décourage les investisseurs et accentue les fractures sociales. Elle entrave également la libre concurrence. Pire, elle sape le moral des travailleurs honnêtes qui perdent confiance dans les valeurs du travail, la récompense du mérite et la sanction de la faute.

Que faire alors si aucun garrot, jusqu'ici, n'est parvenu à arrêter la saignée de la corruption, du trafic d'influence et de la fraude ?

Aujourd'hui la formule de John T. Noonan prend tout son sens : « Après la tyrannie, c'est la corruption qui est le grand mal des États [et que] plusieurs façons de soigner le mal s'offrent au bon médecin. » Dans l'acte de corruption, il y a toujours quelqu'un qui donne et quelqu'un d'autre qui prend. Chaque citoyen a la possibilité de ne pas donner, de ne pas prendre et de dénoncer.

Ne versons pas dans l'angélisme ! La corruption ne sera pas vaincue en un jour ou en une année. Il faut rester lucide, sans mettre la poussière sous le tapis, et surtout poser des actes concrets afin d'obtenir des résultats durables, tout en s'affranchissant des remises en ordre inutilement spectaculaires, dont on doit faire l'économie avec une dose raisonnable d'explication et de sensibilisation. Pas plus d'ailleurs que les accusations excessives.

2- L'incivisme à la base de la corruption

Quel est aujourd'hui notre rapport à la patrie et au bien commun ?

De nombreux pays dans le monde vivent une vraie crise du patriotisme et du civisme. L'intérêt général, dans le secteur public comme dans le secteur privé, est devenu presque une faribole, en termes de défense et de protection. D'ailleurs, il est même pris d'assaut selon la fameuse formule empruntée aux comptables : « *First in, first out* (FIFO) », qui, adaptée au contexte actuel, donne « premier venu, premier servi ». Il faut d'ailleurs souligner – et la précision est de taille – que dès que l'on est servi, on ne part plus. On devient comme "Dame fourmi" dans le pot de miel : mieux vaut mourir dedans que dehors. Les Américains appellent cela le *Think big*, (voir les choses en grand pour mourir petit). Ce constat, presque loufoque, est pourtant la triste réalité. Et ses effets se vivent au quotidien par les populations.

L'intérêt général n'a presque plus de valeur, avec peu de serviteurs et beaucoup de prédateurs. Le gain individuel est prioritaire, le bien collectif est relégué au second plan : « C'est pour l'État, c'est public, donc ce n'est pour personne ! » Celui qui s'en sert en le desservant est bien souvent adulé ; amis et proches le congratulent et le bénissent en vantant sa « réussite » pour avoir eu l'outrecuidance de décimer le bien public, de le découper et de le distribuer à son aise. Celui qui s'en préoccupe en le préservant et en le promouvant est rejeté, puis traité de fou, d'aigri, de méchant, d'incapable, de faiblard et même de maudit. Quelle est cette révérence de la vertu au vice ?

Et cela est très inquiétant, d'autant que celui qui accède à un poste « juteux » s'il ne s'enrichit pas indûment et en un temps éclair est vu comme un incapable qui ne peut pas faire du bien pour lui-même ni pour les autres. Il est considéré comme le fruit de la malédiction de ses géniteurs et de la société. Par contre, celui qui arrive à amasser une fortune colossale en détournant les deniers publics et qui les distribue sans compter, à tour de bras, aux parents, aux voisins, et lors des cérémonies sociales pompeusement organisées, est complimenté et est considéré comme un « béni », quelqu'un qui a réussi sa vie. Ses parents, ses alliés, ses camarades et ses amis d'enfance et de circonstance lui rappellent sans ambages : « Ne nous oublie pas et pense à toi… l'on ne sait pas de quoi demain sera fait ! » Tous attendent des prébendes pour leur soutien, selon la fameuse maxime de La Rochefoucaud : « Toutes les vertus des hommes se perdent dans l'intérêt comme les fleuves se perdent dans la mer. »

Face à cette nébuleuse qui se tisse autour des corrompus, comment s'étonner que le fléau puisse se métastaser dans la société ? L'immoralité et la défiance comportementale sont célébrées. Pourtant, presque tous s'émeuvent des effets de la grande gabegie financière, portée par une infime minorité de personnes et supportée par une immense majorité du peuple. Certains analystes se demandent s'il n'est pas mieux indiqué de questionner le profil financier des citoyens avant de les nommer à des postes de responsabilité dans l'administration publique et dans les entreprises. À la base de leur raisonnement, ils estiment qu'un « nécessiteux » aspire à tout, du pondéreux à l'oiseux, des somptueux voyages aux belles villas en passant par les parures luxueuses et les tenues d'apparat, et qui n'a que quelques milliers de francs de salaire et à qui on confie la gestion de centaines de millions voire des milliards de fonds publics.

Doit-on attendre de ce responsable de la transparence et de l'équité ? Ceux qui les nomment sont-ils moins coupables ? N'est-ce pas là confier la garde du lait au chat ? Et que dire de ces autres citoyens qui ont dépensé des « montagnes » d'argent, acquis par détournement de fonds publics ou par dette bancaire ou par donation de « sponsors », pour se faire élire ou nommer ? Vont-ils développer des comportements vertueux une fois aux affaires ? La réalité est connue de tous. Non pas qu'elle soit déductive d'un mythe, mais parce qu'elle est l'évidence même : soit on en est le bénéficiaire, soit on en est la victime.

3- La corruption dans la zone UEMOA

Aucun pays au monde n'est entièrement exempt de la corruption. Mais dans des « pays en questionnement continu » et à très forte demande sociale, comme ceux de l'espace UEMOA, son impact s'amplifie.

En juillet 2015, dans un rapport consacré à la lutte contre la corruption, le FMI a identifié quatre principaux secteurs à risque de blanchiment des produits de la grande corruption : l'immobilier, les banques, les sociétés, et l'or. Voici un extrait de son analyse : « Le système bancaire est un secteur potentiellement à risque d'abus criminels et de blanchiment des produits de la corruption. Le développement du système bancaire en Afrique pose des défis majeurs, transfrontaliers, en matière de régulation, supervision, et gouvernance, en particulier au sein de l'UEMOA où les intérêts régionaux et nationaux doivent être conciliés. (…) Les risques rencontrés dans le secteur bancaire se situent principalement à deux niveaux: (I) des individus corrompus, y compris des hauts fonctionnaires, et/ou des organisations criminelles, peuvent détenir ou devenir les bénéficiaires effectifs d'une participation significative ou de contrôle d'une banque, ou y occuper un poste de direction et (II) l'absence de mise en œuvre effective des mesures de vigilance par les banques, notamment envers les PPE [personnes politiquement exposées] nationales (personnes qui exercent ou ont exercé d'importantes fonctions publiques dans le pays), permet aux individus corrompus de ne pas être assujettis à des règles renforcées de connaissance du client, et de blanchir les produits de la corruption en opérant aisément des transferts d'argent (…)[28]. »

Plusieurs indicateurs confirment le caractère systémique et endémique de la corruption dans les pays de l'UEMOA. Dans le Rapport annuel 2022 de *Transparency International*, la majorité des États de la zone sont dans les profondeurs du classement mondial.

Classement des pays de l'UEMOA – IPC 2022		
Pays de l'UEMOA	Score IPC (sur 100)	Rang mondial (sur 180 pays)
Bénin	43	72
Sénégal	43	72
Burkina Faso	42	77
Côte d'Ivoire	37	99
Niger	32	123
Togo	30	130
Mali	28	137
Guinée-Bissau	21	164

Source: L'auteur, à partir des données de Transparency International, Indice de perception de la corruption (IPC 2022).

---

[28] FMI, Rapport d'assistance technique – anticorruption et lutte contre le blanchiment de capitaux, rapport n° 15/185, juillet 2015,
www.imf.org/external/french/pubs/ft/scr/2015/cr15185f.pdf

Une lecture de ce tableau même au doigt mouillé convaincra de la réalité et de l'ampleur de la corruption dans l'espace sous-régional. Et ce n'est point une révélation, encore moins une découverte.

Dès lors, comment peut-on s'étonner raisonnablement que le système bancaire de la zone ne soit pas touché par le fléau de la corruption ?

À l'image des autres franges de la société, le secteur bancaire n'est pas épargné par la corruption. Le contraire aurait d'ailleurs étonné. Les paroliers disent : « Si la datte est sucrée, c'est que le dattier ne l'est pas moins ; tout comme, si l'écorce du Baobab est amère c'est que son arbre n'est pas amène. » Le phénomène de la corruption a atteint des proportions plus qu'inquiétantes dans le monde. Aucun pan de la vie de la nation n'y échappe. Encore moins le secteur bancaire. Le mythe de l'argent facile s'est installé partout.

4- La corruption en milieu bancaire

La corruption en milieu bancaire pourrait être schématisée suivant la figure ci-dessous. Elle expose les trois niveaux de corruption dans les banques. Le cas n° 2, dont le fond est une passoire, illustre la situation actuelle de la majorité des établissements de crédit. La nuance avec le cas n° 1 se situe au niveau de l'ampleur et de l'intensité de la « fuite », qui dépend largement de l'état du filtre. Le nombre de trous fait référence aux corrompus et l'épaisseur des trous à la densité de la population corrompue. Il y a deux cas extrêmes dont la survenance est rare. Le « tunnel », c'est lorsque tout ce qui est produit est détourné en intégralité par un petit nombre de personnes (cas d'école). Et la « cible » décrit la situation idéale (corruption inexistante). Toute politique efficace de lutte contre la corruption devrait tendre vers ce cas, même si son atteinte paraît relever de l'angélisme.

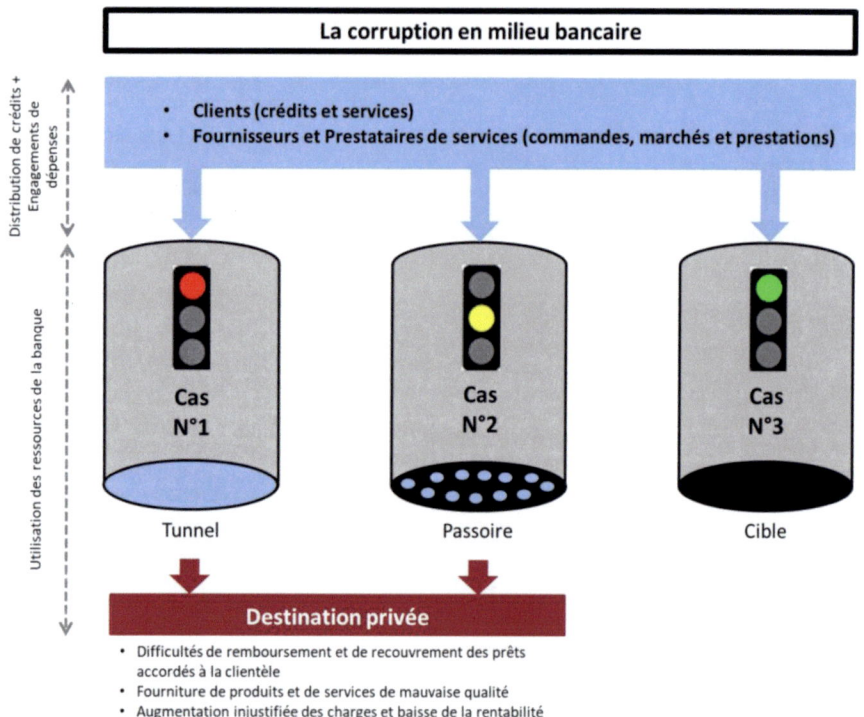

4.1- Un phénomène mondial

La corruption dans le secteur bancaire est un problème mondial. Le milieu bancaire est de nature fermé. La « cuisine interne » est totalement méconnue des papilles gustatives des « gourmands » et des « gourmets » du monde médiatique.

En 2020, une enquête internationale du Consortium international des journalistes d'investigation (ICIJ), à l'origine des «Panama papers», et 108 médias internationaux révèle que 2 000 milliards de dollars (environ 1 773 milliards d'euros) de transactions suspectes ont circulé pendant près de 20 ans (entre 1999 et 2017) dans les plus grandes institutions bancaires du monde. Cinq grandes banques sont particulièrement citées, à savoir JPMorgan Chase, HSBC, Standard Chartered, Deutsche Bank, et Bank of New York Mellon. Elles sont accusées d'avoir continué à faire transiter des capitaux de « blanchisseurs » présumés, et ce même « après avoir été poursuivies ou condamnées pour faute financière[29] ».

Qui ne se rappelle pas de l'histoire rocambolesque de Bernard Madoff, un homme d'affaires américain à l'origine de la plus grande escroquerie

---

[29] Les Echos, Des centaines de milliards de dollars d'argent sale blanchis par de grandes banques, 21 septembre 2020, https://www.lesechos.fr/finance-marches/banque-assurances/des-centaines-de-milliards-de-dollars-dargent-sale-blanchis-par-de-grandes-banques-1244280

financière du siècle (système de Ponzi[30]) ? Arrêté le 29 juin 2009, il a été condamné à 150 ans de prison. Nous n'allons pas revenir sur cette histoire surréaliste suffisamment médiatisée. Mais des questions nous intriguent : Comment un maître-nageur venu des plages de Long Island, sans un sou vaillant, a pu gravir tous les échelons de la haute finance mondiale pour se hisser au sommet de la bourse de Wall Street ? Comment a-t-il pu escroquer la somme faramineuse de 65 milliards de dollars pendant près d'un demi-siècle (1960-2008) sur des centaines de clients dont des grandes institutions bancaires et… un éminent psychologue pourtant réputé pour ses recherches sur la crédulité ? Comment, de sa cellule de prison, a-t-il pu réussir une énième parade, quatre ans avant de rendre l'âme, en rachetant tous les paquets de chocolat de la marque Swiss Miss à l'intendant de la prison afin d'en détenir le monopole et de les revendre plus cher à ses codétenus ? Il est vrai que l'on peut difficilement être un grand escroc si l'on éprouve le moindre remords.

En cinq ans (2009-2014), pour diverses entorses et manquements à la réglementation, les amendes infligées aux plus grandes banques

---

[30] Un système de Ponzi (chaîne de Ponzi, fraude de Ponzi ou pyramide de Ponzi) est un montage financier frauduleux qui repose sur un principe relativement simple : les intérêts versés aux investisseurs sont prélevés sur les sommes encaissées chez les nouveaux déposants. Il doit son nom à Charles Ponzi qui a mis en place une opération fondée sur ce principe à Boston en 1919.

mondiales, y compris les trois plus grandes banques américaines, ont dépassé la somme astronomique de 90 milliards de dollars.

Bank of America a eu la note la plus salée. En août 2014, elle a accepté de payer le montant record de 16,65 milliards de dollars pour « mettre fin aux poursuites liées aux crédits immobiliers toxiques à l'origine de la crise financière[31] ». C'est l'amende la plus élevée jamais payée par un établissement bancaire dans le monde. JP Morgan, le leader du secteur bancaire américain, a déboursé 13 milliards de dollars pour s'extirper des multiples poursuites judiciaires liées à son implication dans la crise des subprimes[32]. La troisième plus grosse banque américaine, en l'occurrence Citigroup, a aussi mis la main au portefeuille (sans vilain jeu de mots), en payant la rondelette somme de 7 milliards de dollars pour « avoir caché les risques de ses prêts immobiliers[33] ».

Les banques françaises ne sont pas épargnées. En juin 2014, BNP Paribas a accepté un accord transactionnel avec les autorités américaines, pour échapper à un procès, en déboursant 8,97 milliards de dollars au titre de pénalités pour violations des embargos américains au Soudan, en Iran et à Cuba. Dans un communiqué daté du 1er juillet 2014, et publié

---

[31] https://www.lesechos.fr/2014/08/subprimes-bank-of-america-paie-lamende-de-tous-les-records-289853
[32] https://www.lefigaro.fr/societes/2013/11/19/20005-20131119ARTFIG00554-jpmorgan-paie-13milliards-de-dollars-pour-eviter-un-proces.php
[33] https://www.lefigaro.fr/societes/2014/07/14/20005-20140714ARTFIG00142-citigroup-paye-une-amende-de-7-milliards-de-dollars.php

sur son site, BNP Paribas SA « reconnaît sa responsabilité (« guilty plea ») pour avoir enfreint certaines lois et réglementations des Etats-Unis relatives à des sanctions économiques à l'encontre de certains pays et aux enregistrements des opérations liées[34]. »

Sept ans auparavant, une affaire interne à la Société Générale a failli éclabousser le microcosme bancaire français. En janvier 2008, Jérôme Kerviel, un jeune trader de la Société Générale, a pu déjouer les « huit nivaux de contrôle » de sa banque pour se retrouver avec des positions ouvertes d'un montant total de 50 milliards d'euros, soit 1,7 fois les fonds propres de la banque. Le débouclage de ces opérations spéculatives a coûté à la Société Générale la perte la plus importante de son histoire (-4,9 milliards d'euros). Avec ce montant, selon la chaîne TF1[35], on aurait pu construire 55 000 logements sociaux, bâtir 300 collèges ou acheter 25 avions Airbus A380.

4.2- La corruption bancaire dans l'UMOA

Dans la zone UMOA, les pratiques de fraude et de corruption en milieu bancaire sont rarement ébruitées dans la presse. Et pour cause ! Plusieurs banques ont signé des contrats dits d'abonnement avec certains organes

---

[34] https://group.bnpparibas/communique-de-presse/bnp-paribas-annonce-accord-global-autorites-etats-unis-relatif-revue-certaines-transactions-dollars
[35] https://www.tf1info.fr/justice-faits-divers/video-archive-tf1-24-janvier-2008-le-jour-ou-la-banque-societe-generale-a-revele-le-scandale-de-l-affaire-kerviel-2076642.html

de presse qui les "protègent" contre la diffusion d'informations sensibles pouvant porter atteinte à leur image et à leur réputation. Cette pratique, jadis circonscrite à une poignée de banques, est en passe de se généraliser pour devenir une pratique de place. Les services de contrôle de plusieurs banques croulent sous le poids des courriers de dénonciation émanant de la clientèle ou de personnes anonymes, des dossiers de corruption et de fraude désignés par les professionnels sous diverses expressions, comme les « faits signalés » ou les « affaires spéciales ». Ces affaires mettent beaucoup de temps à être élucidées puisqu'il est difficile d'asseoir la culpabilité des mis en cause faute de preuves tangibles. D'autant que pendant l'acte, le corrompu et le corrupteur laissent rarement de trace.

Même si la corruption est à l'origine opaque, discrète et même sécrète, ses effets demeurent visibles. De plus en plus, le corrupteur (client, fournisseur ou prestataire) parle et se vante de ses « exploits ». Le corrompu, quant à lui, est généralement trahi par son train de vie, même s'il est rarement bavard.

Dans une banque, il y a généralement trois principaux domaines de corruption : la distribution de crédits, la prestation de services et les engagements de dépenses.

Le corrupteur dans les deux premiers cas est le client. Il peut corrompre partiellement ou totalement la chaîne de décision du crédit, à commencer par le commercial qui le gère, si ce n'est celui qui lui suggère l'acte de corruption en réclamant un pot-de-vin.

S'agissant des services (transfert, change, crédit documentaire, attestations, cautions, etc.) que le client pourrait solliciter auprès de la banque, il peut là aussi tenter de corrompre la chaîne décisionnelle soit parce qu'il est pressé (délai d'attente anormalement long dans les banques), soit parce qu'il n'y a pas droit (ils forcent la décision en sa faveur), soit parce qu'il veut obtenir des conditions particulières (et indues) pour l'exécution de l'opération (taux par exemple).

Pour ce qui est des engagements de dépenses, ils concernent deux principaux services, à savoir les Achats et la Logistique (fournisseurs et prestataires), le Juridique et le Recouvrement (prestataires de services).

Même si le niveau réel de la corruption est difficilement chiffrable, au regard même de sa nature par essence sécrète et opaque, son potentiel peut être estimé en se référant aux principales sources de corruption.

Il s'agit juste d'indication pour permettre de saisir cette somme "impalpable" qu'est la corruption, et ainsi alerter sur la nécessité de prendre, dès maintenant, des mesures fortes et efficaces pour éradiquer la corruption dans le secteur bancaire, ou pour tout le moins amoindrir son niveau et son impact sur les comptes.

Qui disait que le cordonnier est toujours mal chaussé ? Pas les banquiers en tout cas. Dans la zone UMOA, ils ont bénéficié de prêts directs de leurs employeurs qui présentaient un encours de 101 milliards de FCFA à fin décembre 2022[36]. Avec un effectif global de 36 928 salariés, cela donne un encours d'endettement moyen de 2,7 millions de FCFA par agent.

Au-delà des aspects quantitatifs, il y a des facteurs qualitatifs qui doivent interroger. Il y a plus d'une vingtaine d'années, un inspecteur en mission nous a alerté sur deux indices pouvant présager de l'ampleur et du niveau de corruption au sein d'une banque : les états de comptes internes et l'ancienneté des suspens. Si les états ne sont pas « montés » à bonne date et lorsque les suspens ne sont pas régulièrement apurés, il faut investiguer pour se rassurer si les acteurs de la chaîne (opérationnels, superviseurs, contrôleurs, managers) ne sont pas affairés à d'autres desseins, autrement dit à faire tout sauf pour travailler pour la banque.

---

[36] https://www.bceao.int/sites/default/files/2023-07/Rapport%20sur%20les%20conditions%20de%20banque%20dans%20l%27UEMOA%20en%202022.pdf

À ces deux indices, l'expérience nous a amené à ajouter modestement un codicille : les signes extérieurs de richesse. Nul besoin d'être un expert, il suffit de bien ouvrir les quinquets et de bien tendre les esgourdes. Quoi de plus simple pour un manager ou un contrôleur qu'observer le train de vie de ses collaborateurs.

Certains banquiers dans le monde, sans un radis à leur recrutement, se retrouvent au bout de quelques années de service au front-office (services clients), à la logistique (services fournisseurs) ou au recouvrement (clients et prestataires), avec un patrimoine immobilier et roulant impressionnant, dont la valeur est sans commune mesure avec leurs revenus, encore moins avec les prêts qu'ils ont contractés pour tenter de blanchir l'argent mal acquis. Pourtant, ils n'ont hérité d'aucune fortune, n'ont pas gagné au loto et ne disposent pas de revenus supplémentaires qui pourraient résulter de l'exercice d'activités extra-professionnelles, par ailleurs fortement encadrées par la législation du travail (clause de non concurrence) et le règlement intérieur de leur entreprise. Dans leurs quartiers, aux « grins » (lieux de causerie) et dans les maquis, certains d'entre eux « cravaté ou *gros-boubouté*[37] » se font appeler « Big Boss ». Obnubilés par le « *m'as-tuvisme* » et le « *plein-la-vue*[38] », ils roulent dans des carrosseries rutilantes et exposent leur faraud et

---

[37] L'expression est empruntée à l'historienne Adam Ba Konaré.
[38] op. cit.

dansottent entre imprudence et impudence dans les lieux de détente et de plaisir. Aussi, certaines employées, sous le couvert de « commerce » de quelques articles (en réalité des fifrelins), tentent de verdir l'argent issu des pots de vin et de divers « cadeaux » reçus ou suscités. « *Gros-foulardée*, perruquée ou *longs-talonnée*[39] », elles s'endimanchent en conjuguant le « faux » au plus que parfait, pour illuminer les dandys et les gandins, et fulminer les lords et les milords. Pendant les cérémonies de mariage et de baptême, au son des tamtams et des louanges nourris des laudateurs, elles distribuent sans compter les billets de banque et s'exhibent fièrement sur les réseaux sociaux à la recherche de « like » et de buzz.

Au niveau des étages supérieurs des banques, il est souvent difficile d'opérer des changements. Le célèbre économiste Joseph Schumpeter affirmait qu'« il existe partout des élites mais que l'essentiel est d'en changer de temps en temps ». Son propos est tout à fait pertinent en termes d'exigence de bonne gouvernance, mais son application est très difficile en milieu financier. Certaines banques sont devenues « ingérables », du fait principalement, de la mollesse (à ne pas confondre avec la flexibilité) ou de la rudesse (à ne pas confondre avec la fermeté) du top management. Quelquefois, même à prime et responsabilité identiques, certains cadres font les pieds et les mains pour ne pas quitter

---
[39] op. cit.

leur poste, même s'ils ne sont pas performants. Pourquoi ? Allez-y savoir ! D'autres, par contre, mécontents d'être à des postes « non juteux » font le pied de grue à la Direction Générale pour y accéder en suscitant, en permanence, une réorganisation de la banque. Paradoxalement, il y a des collaborateurs qui refusent d'être promus (avec même une augmentation substantielle de la prime de responsabilité), au seul motif qu'ils veulent rester à leur poste « juteux ». Ces contradictions, ces luttes d'influence, de positionnement et d'intérêts sont – sans mauvais jeu de mots – monnaie courante dans beaucoup de banques dans le monde.

5- Pistes de solution : la prévention et la lutte contre la corruption dans les banques

La Convention des Nations Unies contre la corruption adoptée le 31 octobre 2003 est le premier instrument juridiquement contraignant de lutte contre la corruption à l'échelle mondiale. Elle impose aux pays l'obligation d'incriminer certaines pratiques comme le versement de pots-de-vin, la soustraction de biens et le blanchiment d'argent. L'Académie internationale de lutte contre la corruption (IACA), basée à Vienne (Autriche), contribue à la mise en œuvre de la Convention.

La cadence et l'intensité de la lutte contre la corruption et le trafic d'influence doivent être données par le top management de la banque, avec comme maître mot « l'exemplarité ». Le Nobel français Albert Schweitzer avait coutume de dire : « L'exemplarité n'est pas une façon d'influencer, c'est la seule. »

Dans tous les établissements de crédit, il faut mettre en place une politique de « tolérance zéro » à l'égard de toute forme de corruption, de fraude et de trafic d'influence, et ainsi intégrer dans les process et les procédures les plus hautes exigences en matière de bonne gouvernance.

Le dispositif de prévention et de lutte contre la corruption dans un établissement de crédit doit comprendre, a minima, les mesures suivantes :

- **Déclaration détaillée de biens et d'intérêts** : En complément de la réglementation[40], tous les dirigeants de banque, au sens réglementaire du terme[41], doivent se soumettre à la Déclaration détaillée de biens et d'intérêts, à leur entrée en fonction et en fin de mission. La fiche déclarative doit aussi être mise à jour annuellement. Elle sera déposée auprès des services internes habilités pour contrôle et éventuellement pour investigations.

---
[40] Article 40 de la Circulaire N° 01-2017/CB/C de la Commission Bancaire du 27 septembre 2017 relative à la gouvernance des établissements de crédit de l'UMOA.
[41] Article 3 de la Circulaire N° 01-2017/CB/C de la Commission Bancaire du 27 septembre 2017 relative à la gouvernance des établissements de crédit de l'UMOA.

- **Information de l'organe délibérant** : Le Conseil d'administration doit rester saisi de la question de corruption. À chacune de ses sessions, le point sur les pratiques internes de corruption, de fraude et de conflits d'intérêts doit être inscrit à l'ordre du jour et le point débattu. Le PV doit en faire mention expressément.

- **Rapport de contrôle** : L'établissement de crédit doit inclure dans son rapport de contrôle adressé périodiquement à la Commission Bancaire un chapitre consacré au « Dispositif de lutte contre la corruption » qu'il a mis en place ainsi qu'aux activités et résultats des contrôles effectués en la matière.

- **Information** : En cas d'acte de corruption ou de fraude important et avéré, le Conseil d'administration est saisi immédiatement par écrit par le Directeur Général sur la base d'une note circonstanciée des services techniques habilités. De même, une copie de cette note devra être adressée à la BCEAO et à la Commission Bancaire, accompagnée d'un relevé des décisions et recommandations de l'organe délibérant.

- **Sanctions disciplinaires** : Un dirigeant de banque, au sens de la réglementation bancaire, qui aurait été mis en cause pour des faits avérés de corruption ou de fraude dans son établissement doit être suspendu ou démis d'office, si ce n'est une interdiction d'exercer toute activité bancaire dans l'espace UMOA pendant au moins 10 ans qui doit être prononcée à son encontre par les Autorités de contrôle et de supervision ;

- **Dispositif d'alerte** : Mettre en place un dispositif d'alerte précoce destiné à recueillir, de façon discrète et sécurisée, les signalements relatifs à des comportements suspects et des actes susceptibles d'être qualifiés de corruption, de trafic d'influence ou de fraude. Le fait pour un collaborateur de l'entreprise de « fermer les yeux » sciemment (« wilful blindness ») sur un acte de corruption ou de trafic d'influence commis par un autre collègue peut également donner lieu à ester en justice contre le dit collaborateur, sans préjudice des mesures administratives internes.

Conclusion

La lutte contre la corruption dans le secteur bancaire dans le monde, et spécifiquement dans la zone UEMOA, est un enjeu majeur pour la prochaine décennie. La faiblesse de la gouvernance dans plusieurs établissements de crédit, la culture de l'impunité, l'absence de dispositif formel et efficace de prévention et de lutte contre la corruption, la fraude et le trafic d'influence, sont entre autres des obstacles qui pourraient entraver la solidité et la résilience du système bancaire.

Chapitre 2

Les pratiques mystiques en milieu bancaire :

Préparez-vous, on lève le voile !

« Celui qui excelle à ramasser les serpents morts se ravisera le jour où il sera en possession d'un serpent inerte pris pour mort. »

Proverbe africain

Voilà bien un sujet qui fâche, qui enrage certains et qui dérange d'autres. Pour tous, la question mystique est sensible et même ultra-sensible. En milieu bancaire plus encore. Elle a un effet dolosif et même un penchant corrosif. Pour emprunter à l'écrivaine Fatou Diome, « les sauts d'obstacle qui se sont dressés sur notre chemin auraient pu briser les pattes d'une jument. » En trois décennies de pratique bancaire, ils ont, en réalité, renforcé nos parapets.

Tenez, en février 2017, nous lancions l'idée d'un appel à contribution sur les réseaux sociaux dans la perspective de l'écriture d'un livre sur la pratique mystique en milieu bancaire. En quelques heures, notre post avait reçu 7 681 vues sur une seule plateforme, avec à sa suite quelques commentaires. De cette expérience, nous nous sommes forgé deux certitudes. D'abord, le sujet suscite bien de l'intérêt et de la curiosité. Mais avec le nombre relativement faible de réactions (beaucoup ont été reçues par des canaux privés), cela prouvait qu'il restait tabou et donc très sensible à aborder. Dès lors, l'angle de traitement s'est imposé à nous. D'autant qu'il faut le reconnaître, la majorité de nos interlocuteurs étaient plus à l'aise avec les fables qu'avec la réalité.

Sur la Toile, un internaute confesse : « Un prêtre africain en pleine messe de dimanche déclara "si on s'amusait à déshabiller les gens, vous imaginez le nombre de kilos d'amulettes qui seront récoltés". J'ai bien rigolé sur le coup, mais après réflexion, heureusement que cet exercice n'a pas eu lieu ! »

Une autre confidence ! Un expatrié européen, qui fut maintes fois dirigeant de banque dans plusieurs pays africains, nous avait fait part de son soulagement à la lecture de notre post. Il nous confia, en privé, que durant sa longue carrière bancaire sur le continent, il a vécu des choses étranges, presque surréalistes, qu'il ne pouvait guère confier aux siens au risque de paraître déglingué.

Troisième anecdote ! Dans la foulée de notre initiative, nous participions à une réunion de haut niveau dans un pays africain. Lors de la pause-déjeuner, nous fûmes invité par l'hôte de l'évènement à nous installer aux premières loges. Au tour de la table, rien que des têtes couronnées de la finance africaine et d'ailleurs. Avec les épaulettes dégarnies, nous étions presque réduit à garder le silence. Le repas était copieux et bien arrosé, si bien que les convives engagèrent vite les discussions sur des sujets divers et variés. Profitant d'un moment de détente, nous suggérions d'échanger sur le thème de la pratique mystique en milieu financier. De quoi couper l'appétit aux gourmands et aux gourmets au tour de la table. Soudain, l'atmosphère qui était joyeuse se crispa. Le silence envahit la vaste salle de restauration. Les mâchoires se crispèrent et les dents grincèrent. Les fourchettes, cuillères et autres couteaux se mêlèrent au bruxisme. Aucune réaction à notre sujet, sauf quelques regards foudroyants. Puis une, deux et toute une série de réprobations sous forme d'étonnement. Une dame, au style apprêté et aux atours empruntés, s'exclama railleusement : « D'où tirez-vous ces histoires mirifiques ? Nous, on n'en connaît pas. Ça existe chez vous ces histoires-là ? » Tout d'un coup, alors que la confusion commença à nous étreindre face à l'avalanche des critiques, une voix dissonante s'invita dans le débat pour en interrompre le cours. « Oui, ça existe ! », s'exclama-t-elle avant de banaliser le sujet en le considérant comme étant de l'ordre naturel des choses sous nos tropiques. Sa réaction, bien que sarcastique, fut une réelle délivrance, puisque les autres invités qui étaient restés silencieux sont soudainement devenus un peu plus loquaces. Et, finalement, chacun y allait de sa petite histoire. Le philosophe allemand Arthur Schopenhauer a raison : « Toute vérité franchit trois étapes. D'abord, elle est ridiculisée. Ensuite, elle subit une forte opposition. Puis, elle est considérée comme ayant toujours été une évidence. »

Dès lors, il nous avait paru – nous en sommes maintenant convaincu – que lorsque l'on tente d'ensevelir la réalité par le silence, l'indifférence ou la peur, il est fort probable que l'on engendre le drame et, pire, l'ignorance.

Au risque d'hystériser le débat, les « cris d'orfraie plumée vive » sont déjà audibles dans nos esgourdes, est-il de bon aloi de se faire l'écho des pratiques mystiques en milieu bancaire ? Si oui, faut-il être précautionneux dans son traitement, à l'image de ce « sagambule[42] » cherchant l'équilibre de sa pensée sur un fil spumeux en temps brumeux ? Est-ce à dire, au motif d'une prudence du serpent, qu'il faut faire du « fétichisme » sur la question ? Point du tout ! Ce n'est pas parce que c'est sensible qu'il ne faut pas l'aborder. « Le comble de la prudence est de se faire couper une jambe de peur de la casser un jour », disait François-Rodolphe Weiss. Le juriste français Malesherbes, de son vrai nom Chrétien-Guillaume de Lamoignon de Malesherbes, avertissait : « Il faut avoir l'œil bien fin pour saisir la ligne qui sépare la prudence de la dissimulation. » Lui qui fut responsable de la censure royale et même secrétaire d'État de la Maison du roi, sut de quoi il parla. Son souci du détail pour faire triompher la vérité finit par avoir raison de lui. Arrêté lors de la tourmente révolutionnaire, il fut guillotiné le 22 avril 1794 avec presque toute sa famille (sœur, enfants, petits-enfants et gendres). On rapporta qu'en sortant de prison pour monter dans la sinistre charrette qui le conduisit à sa funeste fin, son pied heurta une pierre et lui fit faire un faux pas : « Voilà, dit-il en souriant tristement, un mauvais présage ; à

---

[42] Néologisme, utilisé dans cet ouvrage, qui est une contraction de « sagesse » et « funambule ».

ma place, un Romain serait rentré[43]. » La morale de cette parlure tient à un fil tenu par Jean Jaurès qui disait : « Le courage, c'est d'aller à l'idéal et de comprendre le réel. »

Avant de poursuivre, autorisons-nous une question simple : Est-ce que les pratiques mystiques existent-elles réellement dans le monde de la finance et plus particulièrement dans le secteur bancaire ? La question, en apparence triviale, est clivante. On préfère chausser des gants avant d'y répondre. Pendant qu'on y est, montons donc sur le ring. De nombreux banquiers, iroquois et narquois, nous accuseront de jouer les Cassandre : « Non, c'est faux ! Ce sont des canulars, des sornettes, de la pure fiction… En un mot, des élucubrations ». Bachitè ! « Laisse mouton courir Tabaski arrive », comme le suggérerait un adage du terroir.

De nombreux banquiers parmi ceux qui, en public, prétendent ne pas croire à ces fantasmes, détiennent un véritable arsenal mystique et s'avèrent être des grands adeptes et pratiquants de l'occultisme. Ils le font en secret. Et, en public, ils le dénigrent à gorge déployée.

D'autres financiers, traversés par une noisette de lucidité, confieront à bas bruit, sous le poids de leur conscience : « Oui, ça existe mais c'est très marginal ! »

---

[43] Tyrtée Tastet, Histoire des quarante fauteuils de l'Académie française depuis la fondation jusqu'à nos jours, 1635-1855, Volume 3, Paris, Lacroix-Comon, 1855

Seulement, une petite poignée de banquiers, qualifiés cyniquement et iniquement d'« aigris », se comptant sur le bout des doigts et, avec un brin d'effort, en y ajoutant les orteils des pieds, admettront la triste réalité.

Chacun aurait compris que le « secret bancaire », à travers le monde, est couvert comme un épi de maïs au point de transformer les banques en « boîtes à secrets ». Et ce n'est pas la seule singularité de la communauté financière. Nous y reviendrons largement.

1- Concept de la « pratique mystique »

Au sens large du terme, le mysticisme désigne, dans cet ouvrage, certaines pratiques ésotériques qui pourraient être liées à des formes de croyances, de rites et de coutumes. Ce monde des initiés est peuplé des « déchiffreurs de l'invisible », putatifs ou réels, à savoir les sorciers, les mages, les magiciens, les géomanciens, les féticheurs et autres occultistes. Ils sont censés détenir des forces surnaturelles et redoutables, et auraient un pouvoir sur les âmes et les mânes.

Ce domaine très réservé qui échappe à la raison et à la logique cartésienne est aussi le creuset, il faut y insister et même le déplorer, de toutes les formes d'escroquerie possibles et imaginables, au point d'être le nid des menteurs, des bonimenteurs, des charlatans, des illusionnistes, des arnaqueurs, des enchanteurs et des imposteurs. Ces gredins et aigrefins en font leur fonds de commerce en surfant sur l'incrédulité des faibles d'esprits et des quêteurs de miracles. C'est l'une des contraintes majeures qui empêchent les esprits de s'orienter vers le créatif et le productif.

« Sorcellerie ». Voilà bien un autre mot qui respire la méfiance et la défiance. Pour le journaliste François Soudan qui a enquêté sur la pratique de la sorcellerie sur le continent africain[44], c'est un terrain « marécageux », de surcroît miné de « clichés et autres préjugés », et pour beaucoup un sujet « politiquement incorrect ».

Dès lors, le traitement d'un tel sujet controversé requiert, de notre part, quelques clarifications afin de faciliter sa compréhension, et éventuellement, sa critique.

La première précision est fondamentale. La pratique mystique, notamment la sorcellerie, au sens originel, c'est d'abord une affaire de croyance. À ce titre, elle relève de l'intime. La liberté de croyance et de conscience est un droit fondamental reconnu. Il n'est donc pas question

---

[44] Jeune Afrique, La sorcellerie au cœur du pouvoir, 10 juillet 2012, https://www.jeuneafrique.com/140856/politique/la-sorcellerie-au-coeur-du-pouvoir/

de transcender les barrières culturelles et cultuelles ni de heurter les sensibilités. Le propos n'est donc ni dans le jugement, ni dans la dénégation, encore moins dans la légitimation. L'objectif de cet ouvrage est de mettre en évidence les perméabilités et les interactions entre certaines pratiques dites mystiques, mythiques ou mystérieuses et l'exercice de l'activité bancaire. L'univers de la finance requiert non seulement une connaissance approfondie des arcanes de la profession, mais également une compréhension fine des dynamiques complexes qui régissent son environnement.

La seconde précision est un rappel de bons sens, nécessaire à la préservation de la lucidité et à l'affirmation du discernement. Et ce n'est pas rien en pareille circonstance. C'est même un préalable nécessaire à la compréhension de notre démarche. Dans l'absolu, les sciences modernes et les religions monothéistes s'opposent à la mysticité et la proscrivent ; même si souvent, la frontière n'est pas étanche entre certaines pratiques cultuelles et l'occultisme. Il arrive même que l'on retrouve les mêmes acteurs dans les deux camps qui, par moments, s'entrecroisent et s'entremêlent. Pour reprendre une expression journalistique[45], ces « entremetteurs de l'invisible » sont bien souvent « bergers le jour et

---

[45] Jeune Afrique, La sorcellerie au cœur du pouvoir, 10 juillet 2012, https://www.jeuneafrique.com/140856/politique/la-sorcellerie-au-coeur-du-pouvoir/

sorciers la nuit ». Pourtant, au-delà de son opacité, la pratique mystique demeure une œuvre humaine, même si des êtres invisibles ou imaginaires peuvent agrémenter la mise en scène pour mieux appâter la foule.

La troisième précision est nécessaire. La pratique mystique n'est pas l'apanage ni l'exclusivité de l'Afrique, encore moins d'une zone spécifique ou d'un pays de ce continent. C'est un phénomène répandu dans le monde entier. Chaque peuple a sa part de mysticité et d'irrationnel. Preuve, s'il en fallait encore une, le premier congrès mondial de sorcellerie s'est tenu en janvier 1976 à Bogota, en Colombie. En dépit des vives protestations de l'Église locale, la manifestation avait réuni des dizaines de milliers de Colombiens, avec la participation de deux mille étrangers venus essentiellement des deux Amériques et d'Europe[46]. Bien avant, au XVIIe siècle, s'est tenu le procès dit des Sorcières de Salem, dans les Massachussetts. C'est la chasse aux sorcières la plus importante de l'histoire de l'Amérique du Nord. Entre février 1692 et mai 1693, elles furent 141 personnes à être reconnues coupables de sorcellerie, 19 furent pendues, une fut lynchée à mort et plusieurs autres périrent dans des geôles épouvantables[47]. Ce qui fera dire à

---

[46] Le Monde, À Bogota, la première assemblée mondiale des "sorciers", 26 janvier 1976, https://www.lemonde.fr/archives/article/1976/01/26/a-bogota-la-premiere-assemblee-mondiale-des-sorciers_3123418_1819218.html

[47] https://www.nationalgeographic.fr/histoire/les-proces-des-sorcieres-de-salem-entre-mythe-et-realite

l'historien américain Jason Coy de l'Université de Charleston : « Notre pays a une longue tradition de chasses aux sorcières, surtout à l'ère coloniale[48]. »

Enfin, la quatrième précision relève de la nuance. Dans ce monde, la réalité est une question de perception de la vertu et du vice. De nombreux individus considèrent que recourir à un occultiste n'est pas condamnable en soi, tant que cela ne cause pas de dommages à autrui. Et puis, sait-on jamais, il faut se « blinder » contre les « missiles » adverses. Autrement dit, se forger un bouclier contre les « attaques mystiques », déjouer les assauts les plus redoutables, se protéger contre les « forces du mal », le mauvais sort, le mauvais œil et les mauvaises langues, assurer son ascension professionnelle et sociale, se faire obéir au doigt et à l'œil, etc. Dans tous ces différents cas, et dans d'autres plus cocasses (empêcher son mari de prendre une seconde épouse !), il est convenable de boire et de se laver avec des décoctions de plantes (feuilles, fleurs, écorces, racines), de s'embaumer de lotions capiteuses, de s'encenser de fragrances mystiques, de porter des bagues et des bracelets (gravés d'inscriptions sécrètes) aux doigts et aux poignets, enlacer des talismans et des cordelettes autour du cou, de l'avant-bras, de la hanche, des cuisses ou des mollets, placer des gris-gris sous les perruques, dans les

---

[48] op. cit.

sacs, dans les tiroirs de bureau, dans les voitures… Et même, « clouter » l'âme de son adversaire sur le tronc de l'arbre sacré des mânes. Quelle excessivité !

2- Les pratiques mystiques : un phénomène répandu

La pratique mystique est effectivement très répandue dans le monde. Par exemple, le football est souvent associé à la sorcellerie. Dans ce domaine, la pratique mystique relève plus de la superstition que de la croyance. Même dans des compétitions à faible enjeu, les dirigeants des clubs mettent en place une commission « daga » (« mystique »), chargée de consulter les mages, afin de soutenir leurs joueurs. Au Nigéria comme au Cameroun, ces pratiques sont connues sous le terme de « juju ». Et c'est tellement ancré psychologiquement dans l'esprit de certains joueurs que le dirigeant qui ne s'y conforme pas assumerait seul la responsabilité en cas de défaite de son équipe.

Le doctorant en anthropologie Uros Kovac de l'Université d'Amsterdam parlera de « dopage spirituel[49] ». Selon les résultats de ses recherches, il affirme que la spiritualité n'est pas propre au sport en Afrique. Ainsi, souligne-t-il, le propriétaire thaïlandais de l'équipe de Leicester avait même fait déplacer des moines bouddhistes depuis la Thaïlande afin de

---

[49] https://www.ouest-france.fr/leditiondusoir/2018-06-28/la-sorcellerie-est-elle-une-forme-de-dopage-de1ad4f1-e559-438d-91ce-4c1048d05d4b

bénir les joueurs de son club durant une saison considérée comme miraculeuse en 2015-2016.

La pratique dans le domaine de la finance n'est pas différente de celle du sport. D'ailleurs, le banquier n'est-il pas en lui-même un « mystique », un « vrai magicien » en soi, et son office un « temple de la mystification » ? Jugez-en vous-même ! Le banquier crée de la monnaie, et souvent à partir de… rien. En quelques secondes derrière le « rideau » (back-office), il effectue quelques opérations comptables et voilà que votre compte est garni de billets neufs et craquants. Magique, non ! En vérité, le banquier est un prestidigitateur qui « vend du temps », en prêtant l'argent qui ne lui appartient pas, à l'insu du vrai propriétaire, tout en espérant que celui-ci ne viendra pas le réclamer de sitôt. À partir d'un simple jeu d'écritures, il fait disparaître des milliards de dépôts en espèces qui lui sont confiés par les clients qui se contenteront d'un simple bordereau de versement en guise de sa bonne foi. Est-ce que les banquiers seraient-ils des saltimbanques ? Pas à ce point ! Cependant, gardez bien à l'esprit que la banque la plus performante, la plus vertueuse au monde, ne peut jamais rembourser l'argent de tous ses déposants si tous se présentent à ses guichets simultanément. Impossible ! Et pourtant, ce système fonctionne ainsi depuis l'Antiquité, au moins deux millénaires avant notre ère !

2.1- La pratique mystique en Occident

En Occident, prétendument désensorcelé, et considéré être le berceau de la rationalité et le creuset de la logique cartésienne, on y enseigne depuis la nuit des temps la sorcellerie. Par exemple, dans le sud de l'Angleterre, des étudiants et des managers viennent du monde entier pour suivre les stages d'apprentis sorciers. Oui, des formations en sorcellerie ! En effet, à l'école de sorcellerie de Bothwell, derrière les murs du château de Herstmonceux, l'immersion dans l'univers de l'occultisme s'offre à prix d'or. Il faut débourser jusqu'à un millier d'euros pour suivre quelques jours de formation en sorcellerie[50].

A l'origine, Halloween, une fête si populaire aux États-Unis, était un rituel païen visant à se prémunir contre les dangers et les menaces. Elle remonterait à l'Antiquité et consistait à allumer le feu pour en fournir les braises ardentes aux riverains. Cette fête dite des morts était donc druidique, avant d'être folklorique et religieuse. Aujourd'hui encore, les fêtards se déguisent en sorciers, en fantômes et en vampires. Et ce n'est pas un hasard si La Nouvelle Orléans est considérée comme la capitale mondiale des vampires. Les « suceurs de sang » ont donné à cette ville américaine sa légende et son mythe.

---

[50] Grande-Bretagne : à l'école des sorciers, 2 septembre 2017,
https://www.francetvinfo.fr/culture/livres/harry-potter/grande-bretagne-a-l-ecole-des-sorciers_2353949.html

Par ailleurs, la Grey School of Wizardry[51], créée en mars 2004, est la première école de sorcellerie américaine à être officiellement reconnue comme un établissement scolaire. Elle revendique aujourd'hui près d'un millier d'apprenants, âgés de 18 à 80 ans, qui suivent près de 500 cours de cosmologie et de métaphysique. Il y a des cours sur les incantations, la défense contre les forces du mal, la phytothérapie, la cosmologie ou encore… le chuchotement à l'oreille des chevaux.

Sur le Vieux continent, dans les hautes sphères de la société, les lords et les milords fréquentent les confréries, les loges maçonniques, les cercles initiatiques, et autres sociétés sécrètes.

L'Autriche a fondé en 1998 une école internationale pour sorciers et sorcières, dénommée l'International School for Wizards and Witches, qui enseigne « la préparation de potions ou le lancer de sorts[52] ». Le programme ésotérique couvre les arts divinatoires comme l'astrologie, le tarot, les oracles et le pendule[53].

La France n'est pas en reste. À l'époque médiévale, on recourait aux sorciers pour envouter… les vaches ! Excusez du peu ! L'historien Alfred

---

[51] https://www.greyschool.net/about
[52] https://www.jeuneafrique.com/579671/politique/loeil-de-glez-zambie-une-ecole-de-feticheurs-cest-pas-sorcier/
[53] https://fr.style.yahoo.com/blogues/buzz-et-trouvailles/une-veritable-ecole-de-sorcellerie-en-autriche-195828880.html

Soman, dans un article intitulé *La décriminalisation de la sorcellerie en France* publié en 1985, décrivait une scène ubuesque : « En novembre 1640 à Belval-en-Argonne, des paysans trainèrent Catherine Le Moyne par les chemins criant « Desorcelle ma vache ! » – avant de la tuer d'un coup de carabine[54]. » Sur la période 1540-1670, les recherches de l'historien américain lui ont permis de dresser la liste de 1 254 individus accusés de sorcellerie et 97 de magie qui ont été jugés par la Haute Cour en France.

Que dire aussi de la « dent magique » de Sainte-Apollonie[55] dans l'Ariège, vieille de 1700 ans, qui aurait soulagé les gencives douloureuses des milliers de bébés parcourant toute la France pour venir s'y frotter ? S'agit-il là aussi d'une simple superstition importée d'Afrique ?

En novembre 2024, dans un entretien à propos de son livre à sensation « Ils savent que je sais tout », l'avocat Robert Bourgi révélait que deux anciens présidents français faisaient appel régulièrement à des occultistes

---

[54] Alfred Soman, La décriminalisation de la sorcellerie en France, Histoire, économie & société, Année 1985, https://www.persee.fr/doc/hes_0752-5702_1985_num_4_2_1393
[55] Sainte Apollonie a vécu en Égypte où elle fut martyrisée par des païens car elle avait refusé d'injurier le Christ : on lui arracha les dents et on la brûla. Les chrétiens ont conservé ses dents. Et avec l'histoire, une d'entre elles se trouve à Lézat. Elle fut rapportée par le comte de Foix, Roger II. Cette relique a la vertu de soulager les nourrissons lorsque leurs dents percent. On passe la dent sur les gencives des petits enfants pour demander la protection de la Sainte. Source : https://www.ladepeche.fr/article/2016/10/06/2433404-insolite-dent-sainte-apollonie-soulage-bebes-tout-pays.html

africains, notamment pour leur prédire les résultats des élections présidentielles[56].

En Italie, l'histoire rocambolesque d'un homme politique d'extrême droite, vice-président du Sénat à l'époque des faits, est dans toutes les mémoires. Celui-ci sollicita, publiquement, les services d'un exorciste pour le désenvouter après avoir proféré des insultes racistes à l'encontre d'une femme d'origine africaine dont le père serait un redoutable mystique[57] ? L'histoire avait fait grand bruit dans les médias, non pas pour l'originalité du propos (l'auteur est suffisamment connu pour ses frasques), mais pour les conséquences dramatiques qui en ont résulté.

Reprenons le déroulement des évènements. Nous sommes en juillet 2013, le sénateur en question compara une ancienne ministre italienne, originaire du Congo, à un « orang-outang ». Depuis cette date, sa vie fut cauchemardesque. Simple coïncidence ou non, quoi qu'il en soit, pendant plus d'un an, il enchaîna les déboires, hospitalisations (six fois en salle d'opération, deux en soins intensifs), accident (deux vertèbres et deux doigts cassés), décès (de sa mère)… Jusqu'au 19 août 2014 où, comble de malheur, il trouva dans sa cuisine un serpent de deux mètres !

---

[56] https://www.aib.media/des-dirigeants-francais-avaient-recours-a-des-marabouts-africains-pendant-les-elections-selon-robert-bourgi/
[57] https://www.jeuneafrique.com/45597/politique/italie-le-p-re-de-c-cile-kyenge-a-t-il-vraiment-ensorcel-roberto-calderoli/

Ce fut de trop pour ce médecin-chirurgien de profession, suffisamment formaté dans la moule cartésienne, pour ne pas rester à de simples conjonctures. Il fut persuadé d'avoir été ensorcelé par le père de sa victime qui est un chef coutumier réputé dans sa localité.

2.2- La pratique mystique en Afrique

En Afrique de l'Ouest, le mysticisme et surtout la sorcellerie sont des sujets à controverse. Dans certains pays, ses praticiens sont chassés et pourchassés. Ils suscitent de la peur. Et il y a de quoi, eu égard à tous les préjugés qui entourent cette pratique occultiste.

Qui ne se rappelle pas, au début des années 90, d'un ancien président africain qui avait suivi plusieurs années de traitement avant de se remettre « miraculeusement » d'une maladie étrange et mystérieuse que les toubibs français n'avaient pu ni diagnostiquer, encore moins traiter[58] ?

Le Ghana serait l'un des derniers pays au monde à avoir encore des prisons à ciel ouvert pour les « sorciers »[59]. Amnesty International estime

---

[58] La sorcellerie au cœur du pouvoir : petits secrets de Palais, 10 juillet 2012, https://www.jeuneafrique.com/140853/politique/la-sorcellerie-au-coeur-du-pouvoir-petits-secrets-de-palais/
[59] Le Monde, Le Ghana veut interdire la chasse aux « sorcières », 30 octobre 2023, https://www.lemonde.fr/afrique/article/2023/10/30/le-ghana-veut-interdire-les-mouroirs-de-sorcieres_6197385_3212.html

qu'il resterait encore 500 sorciers, totalement démunis, à être embastillés dans des camps de détention.

En novembre 2019, de vives protestations avaient éclaté lorsque l'Université du Nigeria avait annoncé la tenue d'une conférence sur la "sorcellerie" sur son campus dans le sud-est du pays[60]. Afin de faire passer la pilule, en raison de l'énorme tollé suscité tant par le personnel universitaire que par les étudiants, les organisateurs ont biffé le terme "sorcellerie" sur tous les supports publicitaires pour le remplacer par "Dimensions du comportement humain"[61].

Dans un dossier consacré à la sorcellerie sur le continent, le journal Jeune Afrique rapporte une scène à décoiffer un chauve : « (…) En janvier 2005, contre toute attente, le nouveau directeur général s'est présenté pour la passation de service. La veille, pourtant, un gros chat blanc était tombé du onzième étage du bâtiment et était reparti sans une égratignure. Une démonstration de force supposée de son prédécesseur (…)[62] »

---

[60] https://www.bbc.com/afrique/region-50822263
[61] https://www.bbc.com/afrique/region-50571896
[62] La sorcellerie au coeur du pouvoir : petits secrets de Palais, 10 juillet 2012, https://www.jeuneafrique.com/140853/politique/la-sorcellerie-au-coeur-du-pouvoir-petits-secrets-de-palais/

Si l'Afrique de l'Ouest tarde à reconnaître, publiquement, la pratique de la sorcellerie, ce n'est pas le cas de l'Afrique australe, zone pionnière sur le continent.

La Nation arc-en-ciel a été le premier pays africain à reconnaitre officiellement la pratique de l'occultisme sur son territoire. Depuis, plusieurs années, on y enseigne la sorcellerie. Il y a plus de 200 000 «sangomas» (sorciers) légalement reconnus. D'après certaines sources d'information, plus de 80% de la population sud-africaine rend visite à un guérisseur mystique plus de trois fois par an. Le 20 mars 2017, le pays a franchi un nouveau cap en ouvrant la toute première école publique de sorcellerie sur le continent africain. Aux dires de ses initiateurs, cet établissement se fixe comme objectif de « former des sorciers » et de « délivrer des diplômes es sciences en sorcellerie[63] », à l'image des ingénieurs et des médecins. Rien que ça ! Les autorités sud-africaines ont justifié la création de cette école dans le but d'assainir et de promouvoir le secteur de la sorcellerie, et ainsi d'éradiquer « l'exercice de la sorcellerie sans permis[64] ».

---

[63] https://www.jeuneafrique.com/579671/politique/loeil-de-glez-zambie-une-ecole-de-feticheurs-cest-pas-sorcier/
[64] Incroyable ! L'Afrique du sud ouvre la première école de sorcellerie sur le continent (Vidéo), 25 mars 2017, https://www.afrikmag.com/lafrique-sud-sorcellerie-ecole/

Cette justification officielle n'est pas surprenante. Le journal Jeune Afrique rapporte dans sa parution du 10 juillet 2012 que « le très pondéré Thabo Mbeki, (…), n'hésitait pas à mobiliser ses partisans contre son rival zoulou Buthelezi – grand féticheur devant l'Éternel – au cri de « *bulala aba thakathi !* » (« Tuez les sorciers ! »)[65].

En 2015, un pasteur surnommé « Snake Pastor » avait défrayé la chronique à Soshanguve, un bidonville de Prétoria, avec des pratiques plus que contestables. Ainsi, il faisait avaler à ses adeptes des serpents et des rats qui, une fois ingérés, selon sa diabolique prédiction, se transformeraient « en chocolat[66] ». Diantre ! Il faut vraiment « adorer » le chocolat pour se prêter à un tel exercice satanique. Malgré son interpellation et l'incendie de son office, il était resté toujours populaire sur les réseaux sociaux où près de 15 000 personnes le suivaient.

La Zambie a arpenté dans le même sillage avec, tenez-vous bien, le soutien financier de l'Organisation des Nations unies pour l'éducation, la science et la culture (UNESCO). Le gouvernement zambien avait déclaré

---

[65] Jeune Afrique, La sorcellerie au cœur du pouvoir, https://www.jeuneafrique.com/140856/politique/la-sorcellerie-au-coeur-du-pouvoir/
[66] https://www.parismatch.com/Actu/International/Zimbabwe-un-pasteur-arrete-pour-vente-de-tickets-pour-le-paradis-1554398#utm_campaign=Echobox&utm_medium=Social&utm_source=Facebook&xtor=CS2-8&Echobox=1530799140

que la recherche et l'étude de la sorcellerie sont « une science pouvant être utilisée de manière productive pour le bien du pays ».

En Afrique centrale, faut-il rappeler le cas, rapporté par le journal Jeune Afrique, d'un ministre du régime Mobutu Sese Seko de l'ex-Zaïre qui « avoua publiquement avoir dormi aux côtés de cadavres dans le cadre d'un pacte avec le diable censé lui assurer la pérennité de son poste[67] ».

Au Zimbabwe, certains pasteurs sulfureux ont poussé le bouchon un peu loin. Pour mieux dire, trop loin. Des histoires assez dramatiques pour ne pas être désopilantes. Tenez, un pasteur vendait à ses paroissiens des tickets … pour le paradis[68] ! Pour s'en procurer, il fallait débourser la coquette somme de 500 dollars, dans un pays exsangue où le salaire moyen atteint à peine 2 dollars par jour. En 2017, à Harare, un autre pasteur prétendait être en contact direct avec Dieu. Il est rapporté qu'il assurait « ses offices au téléphone avec « Papa God » en ligne directe, qui lui transmettait « depuis le ciel » ce qu'il fallait dire aux fidèles ébahis[69]. »

---

[67] Jeune Afrique, La sorcellerie au cœur du pouvoir,
https://www.jeuneafrique.com/140856/politique/la-sorcellerie-au-coeur-du-pouvoir/
[68] Paris Match, Zimbabwe : un pasteur arrêté pour vente de tickets … pour le paradis, 5 juillet 2018, https://www.parismatch.com/Actu/International/Zimbabwe-un-pasteur-arrete-pour-vente-de-tickets-pour-le-paradis-
1554398#utm_campaign=Echobox&utm_medium=Social&utm_source=Facebook&xtor=CS2-8&Echobox=1530799140
[69] https://www.parismatch.com/Actu/International/Zimbabwe-un-pasteur-arrete-pour-vente-de-tickets-pour-le-paradis-

Tout le contraire de l'initiative des paroissiens de l'église Saint-Jean de Lamballe en France qui, par un élan d'humour, ont préféré accoler des affichettes à l'entrée de leur lieu de culte avec le message suivant : « Il est possible qu'en entrant dans cette église, vous entendiez l'appel de Dieu. Par contre, il est peu probable qu'Il vous contacte par téléphone. Merci d'éteindre vos téléphones[70]. »

Décidément, le Zimbabwe n'est pas à une étrangeté près. Attardons-nous un instant sur cet État de l'Afrique australe. C'est le seul pays au monde où tous les habitants sont des milliardaires, mais précision de taille, des « milliardaires très pauvres » pour près de 40% d'entre eux[71]. En janvier 2009, le gouvernement zimbabwéen avait émis des billets de 100 000 milliards de dollars zimbabwéens qui s'échangeaient contre 40 centimes de dollars américains, faisant ainsi de la monnaie zimbabwéenne la plus faible monnaie frappée au monde. Et cette coupure de 100 trillions ne permettait même pas d'acheter un simple ticket de bus ! Bref, c'est une autre histoire que nous effleurons au

---

1554398#utm_campaign=Echobox&utm_medium=Social&utm_source=Facebook&xtor=CS2-8&Echobox=1530799140
[70] https://www.francebleu.fr/infos/insolite/les-appels-de-dieu-sont-mal-percus-dans-l-eglise-de-lamballe-1552056356
[71] Selon l'IDH 2021 du PNUD, le Zimbabwe est classé 146ème sur 191 pays dans le monde. 39,5% de la population vivent en dessous du seuil de pauvreté (1,90 dollar par jour). Source : PNUD, Rapport sur le développement humain 2021/2022,

passage, puisque suffisamment déflorée dans notre ouvrage consacré au franc CFA[72].

Reprenons maintenant nos esprits et le fil de nos conjonctures, pour ne pas nous prendre les pieds dans le tapis des occultistes.

Dans certaines localités du monde, sous les prédictions des oracles, censés assurer pouvoir et savoir, richesse et noblesse, protection et affection, on ne croit plus à la force de ses neurones, mais plutôt à l'efficacité de ses aumônes. Là, à des années-lumière de la prospérité mondiale, sous la férule des "philomanes" et des mythomanes, des « brouteurs » et des raquetteurs, des spéculateurs et des usurpateurs, on élève des poussins en espérant qu'ils vont devenir des aigles… On continue à creuser le sol tout en escomptant atteindre la lune… On casse des œufs sur la route en espérant que ce rituel résoudra les problèmes… On déverse du lait frais dans le fleuve en espérant qu'il « irriguera » les canaux asséchés de l'avenir obstrué… On enterre des animaux vivants pour tenter de réduire au silence ses adversaires et ses concurrents… On s'abstient d'apprendre et de réviser ses leçons en espérant qu'avec le « stylo magique » des occultistes, on va réussir à l'examen ou au concours… On mise ses maigres économies sur l'acquisition d'un « portefeuille magique », censé être garni de billets de banque après les

---
[72] Cheickna Bounajim Cissé, FCFA - Face Cachée de la Finance Africaine, janvier 2019.

incantations énergiques des exorcistes... On confie sa santé aux charlatans qui vantent les mérites de leur « poudre magique », censée soigner mille pathologies (et plus encore). Et comme ces forbans n'en sont pas à un mensonge près, ils n'hésitent pas au moindre tracas à recourir eux-mêmes aux toubibs, et même à se faire soigner au « pays des Blancs », qu'ils déconseillent pourtant vigoureusement à leurs clients...
À cet exercice, tôt ou tard, la réalité finira par faire jour. Les portes de la maison « Au petit bonheur la chance » sont définitivement closes. D'ailleurs, sauf à y croire le contraire, elles n'ont jamais existé. M'enfin, un peu de bon sens ! Comme le dirait l'autre, « il est impossible pour un bébé de naître un matin, de grandir, de marcher, d'aller à l'école et de devenir agrégé le même jour. »

Aux antipodes de la posture victimaire, voici le point de vue sans concession de l'analyste Lansana Gagny Sakho sur le sujet : « La perception du surnaturel semble tellement naturelle que c'est le naturel qui devient surnaturel sur le continent. Nous cherchons malheureusement toujours à donner une explication irrationnelle à tout phénomène. La situation a tellement pris de l'ampleur que nous assistons à une déformation de la réalité... Même chez les hauts cadres, tout échec est souvent interprété comme l'action d'une main maléfique. (...) Naître albinos peut être synonyme de condamnation à mort en Tanzanie.

Aujourd'hui, 1 bébé sur 1400 naît albinos en Tanzanie (contre 1 pour 20 000 dans le reste du monde). Dans ce pays du sud-est de l'Afrique, les albinos sont mutilés ou assassinés. La raison de ces violences ? Les restes de leur corps entrent dans la composition de remèdes magiques, vendus par les sorciers à des prix exorbitants. Dans le foot, les pratiques comme la conservation de certaines herbes, d'écorces, ou de cordelettes portées par les joueurs et acquises auprès de charlatans sont courantes… » Pourtant, conclut-il, « aucune équipe africaine noire n'a pourtant jamais dépassé le cap des quarts de finale en Coupe du monde[73]. »

Point de bouc émissaire ! Après six décennies d'indépendance, les Africains ne peuvent pas continuer à se défausser sur une main maléfique à chaque tracas. Il faut donc s'affranchir de toute posture victimaire qui détournerait des vrais enjeux, de l'autocritique et de la remise en cause. Il faut assumer ses responsabilités et avoir le regard lucide sur sa propre situation. Point de fatalité ! Nous ne pouvons pas être en détention et revendiquer les privilèges de la liberté. N'est-il pas normal qu'un détenu puisse se sentir mal à l'aise ? Le célèbre romancier allemand Goethe disait : « Personne n'est plus en esclavage que celui qui croit à tort qu'il est libre. »

---

[73] https://www.linkedin.com/in/lansana/recent-activity/all/

Oui, ce sont nous, les Africains, qui avions mis notre continent dans les liens de la servitude. Il est illusoire de croire que le développement économique de l'Afrique sera le fruit du hasard, en jouant à la roulette russe ou en le sous-traitant aux institutions internationales, fussent-elles humanistes et africanistes. C'est faire preuve d'angélisme et d'imprudence manifeste. Faut-il attendre des pays occidentaux qu'ils développent le continent africain à la place des Africains ? Assurément, non. Ce sera trop leur demander. Et même si c'était le cas, ils ne le feront pas. Les relations économiques internationales sont un jeu à somme nulle. Chaque État veille, légitimement et jalousement, sur ses intérêts. Et tout y passe pour les préserver.

Ne nous embaumons pas d'illusions. Personne ne fera le développement de l'Afrique à la place des Africains. Il va falloir s'y résoudre définitivement, le développement du système financier et bancaire continental, ne viendra pas d'ailleurs. Ni maintenant ni demain. Il viendra, ou ne viendra pas, par le seul fait des Africains. Ce n'est pas une prédication. C'est une certitude. La liberté s'arrache et se détache, elle ne se lâche pas. Autrement dit, les droits se conquièrent debout, pas à genoux, encore moins assis ou couchés.

Quel sachant ne se souvient pas de cette parole de bon sens de Khalil Gibran : « Nul ne peut atteindre l'aube sans passer par le chemin de la nuit. » ? Alors osons résister face à la facilité et à la fatalité, sans nier la réalité, encore moins renier l'évidence !

3. La pratique mystique en milieu bancaire

Il est connu que les banques ne sont pas des auberges de jeunesse. Ce sont des entreprises sous pression constante. Leur lit n'est jamais un ruisseau paisible. Un analyste a essayé de représenter la réalité dans le monde de l'entreprise en identifiant les trois catégories de travailleurs qui sont les cibles qui dérangent et qu'il faut éliminer. Il s'agit des compétents, des éthiques et de ceux qui font leur travail selon les normes.

Dans le monde, l'exercice du pouvoir est souvent associé à un compagnonnage avec les forces obscures et occultes. Il est rare de trouver un dirigeant « solitaire », avec un esprit assez libre et dépourvu de toute contingence extérieure, errant seul dans les vastes labyrinthes du pouvoir. La plupart (pas tous) sont chaperonnés par, au moins, un occultiste qu'ils consultent, qui les conseille et les assiste dans l'exercice périlleux de leurs missions.

Dans le milieu de la finance, cela est devenu presque une tradition. Dès leur entrée en fonction, avec l'insistance molle des services techniques, certains dirigeants de banque changent systématiquement les meubles et le parquet de leur bureau, trop « colorés » à leur goût. D'autres, redoutant les démons qui squatteraient le bureau de leur prédécesseur, préfèrent changer carrément de lieu. Afin de mettre en avant leur prétendue compréhension des responsabilités, les dirigeants les plus futés tentent de vendre un simulacre d'humilité à leurs sectateurs : « Le bureau de l'ancien Directeur Général est trop grand pour moi ! Je veux en faire une salle de réunion. Personnellement, j'ai juste besoin d'un (petit) espace de travail. » Cependant, derrière l'apparence bienveillante de ce dirigeant se cache un autre visage plus sournois. Quelques mois plus tard, confortablement installé à la tête de l'établissement, voici le même dirigeant qui entreprend, à grands frais, le chantier dantesque de l'agrandissement de son bureau au point d'en faire un « mini-terrain de football ». Alors que des hauts cadres, en disgrâce, continuent de travailler à plusieurs dans des espaces exigus. La formule est connue : quand c'est pour les uns, ce n'est jamais assez, mais quand c'est pour les autres, c'est toujours trop !

En Afrique de l'Ouest, la pratique mystique reste du domaine du mystère. Aucune frange de la société n'échappe à ce phénomène. Dans le milieu bancaire, l'occultisme est quasiment répandu. Il y a quelques dizaines d'années, c'était une affaire de patrons et entre patrons. À dire vrai, qu'est-ce qu'un édenté vient faire dans un combat de cure-dent ? Ce n'est plus le cas aujourd'hui. Toutes les catégories s'en mêlent : cadres, employés, chauffeurs, caissiers, guichetiers, gardiens, gens de maison… Chacun veut se « blinder », histoire de se faire « une santé mystique », de couvrir ses arrières et de baliser le chemin. La protection et l'ascension ne sont-elles pas des quêtes légitimes ? Absolument, à condition que les moyens employés pour y parvenir ne soient pas contestables.

Tenez, il y a plus d'une vingtaine d'années, un employé de la caisse, l'air visiblement inquiet et pressant, toque à la porte de mon bureau : « Chef, je m'excuse de vous déranger. » « Je vous en prie », lui réponds-je. « J'ai besoin de 10 000 francs », enchaine-t-il. Sans sourciller (il faut bien gérer les cas sociaux), je lui remets l'argent en question. Simple déformation professionnelle, avant qu'il ne tourne les talons, je tiens qu'à même à lui demander : « Avez-vous un « trou » dans votre caisse ? » « Non Chef, ma caisse est juste. À vous dire la vérité, c'est le prix de la consultation hebdomadaire auprès de mon médium. Je devais aller depuis hier, mais, faute de moyens, j'ai manqué au rendez-vous. (…) Excusez-moi encore du dérangement, je vais devoir y aller, je suis déjà en retard. Merci beaucoup, Chef ! »

En vérité, que ce soit sous cape ou à visage découvert, il est difficile de trouver un banquier qui n'ait pas vécu dans sa carrière, en tant qu'acteur ou témoin, des histoires insolites, aussi hallucinantes les unes que les autres. Cependant, en public, on botte en touche, la mâchoire serrée et le visage fermé, feignant d'ignorer en s'ignorant soi-même et les autres, ces pots et ces suppôts, ces décoctions et lotions, ces fragrances enivrantes et envoutantes qui fument et enfument, ces bains rituels quotidiens, ces litanies murmurées à fort débit, ces visites nocturnes et diurnes chez les oracles, ces gris-gris, amulettes et talismans soigneusement dissimulés avec soin, soit pour se défendre, soit pour attaquer ou soit pour contre-attaquer.

Les lieux de sacrifice et d'offrande ne se comptent plus en brousse comme en plein centre-ville. Les berges rocheuses des cours d'eau et les flancs des collines, les creux des arbres et les croisements de routes, les fourmilières et les termitières, bref tous les lieux sacrés et sacralisés, supposés être les sanctuaires des démons les plus redoutables, sont pris d'assaut par les devins, les bovins et les ovins. Le sang coule, le lait s'écoule, le client s'écroule et l'oracle se défoule. Et des scènes ubuesques de ce genre, dignes des célèbres films de Bollywood, ne se comptent plus.

Dès les premières pontes du soleil, les routes et les fleuves prennent leur « collation ». Au menu, avec ou sans calebasse, œuf au plat ou à la coque, tisanes au choix au lait frais ou au sang cru… Impossible de les éviter sur le bitume, aux carrefours et sur les berges des cours d'eau !

En vérité, la pratique mystique, *lato sensu*, est un paramètre essentiel à intégrer dans l'histoire et la gestion de certains établissements de crédit. Un patron de banque, très au fait des arcanes de sa profession, définissait la banque comme le « carrefour de toutes les tentations ». Il ne pouvait pas dire mieux. Plusieurs de ses homologues ont choisi de se réfugier dans le déni, tandis que d'autres ont essayé de minimiser la réalité, presque tous y ont laissé des coquards. Un autre manager, qui n'avait cure de ces histoires à deux balles, dut se rendre à l'évidence en se tirant une balle dans le pied. Nous consonnons bien avec le philosophe Raymond Aron, condisciple de Jean-Paul Sartre, lorsqu'il affirmait : « Les hommes font l'histoire mais ils ne savent pas l'histoire qu'ils font. »

Dans cet univers fascinant du mysticisme et du mimétisme, certains cadres ont pu se forger des positions inexpugnables dans les étages supérieurs du secteur bancaire. Qui s'y frotte, s'y pique, prévient-on dans leur riveraineté.

Les victimes de leurs imprécations et de leurs exécrations souffrent le martyre. Elles arborent de « véritables blessures de guerre ». Elles tiennent comme par extraordinaire leur santé en bandoulière, déambulant entre praticiens de ville et tradipraticiens de brousse.

Nous allons tenter de lever un coin de voile sur ce sujet, à travers un recueil d'histoires baroques et burlesques, dont on ne sait pas s'il faut en rire ou en frissonner. Ces récits sont un condensé de la joyeuseté et de la férocité du monde vivant.

Des histoires intrigantes qui soulèvent des questions fascinantes sur le milieu financier. Elles sont romancées à dessein afin d'apporter un peu de légèreté à la complexité du sujet. L'écrivain Birago Diop aimait dire : « Quand la mémoire va chercher du bois mort, elle ramène le fagot qui lui plaît. »

Les « fagots » folâtres que nous allons vous ramener proviennent principalement des entrailles du Wiponzo[74].

À ce stade, selon la formule consacrée, il est utile de préciser, et d'y insister, que toute ressemblance avec des faits et des personnages existants ou ayant existé serait purement fortuite et ne pourrait être que le fruit d'une pure coïncidence.

---

[74] Le Wiponzo est un pays imaginaire du monde.

Histoire n° 01 : Sel pour sceller le rang !

Sel de cuisine ? Non ! Sel de table ? Non ! Sel pour assaisonner les succulents plats et les délicieuses sauces ? Non ! Sel pour saliner les routes enneigées ? Que nenni !

Sel du Nord ! Sel du Sud ! Sel prisé à l'épiderme rouge ! Sel froissé à la couleur blanche ! Gros sel ! Sel moyen ! Sel fin ! Qu'importe ! Que sel ! « Qu'importe le flacon, pourvu qu'on ait l'ivresse », pour emprunter la célèbre formule d'Alfred de Musset.

Enfin, de quel sel parle-t-on ? Du sel pour désenvouter les bureaux et dératiser la cour des démons et des déments, afin de se libérer des diables et des diablotins !

Un Directeur Général (DG) d'un établissement bancaire du Wiponzo s'adonnait fréquemment à des pratiques très étranges qui tranchaient avec sa grande spiritualité affichée. Pour lui, la foi religieuse n'a rien d'incompatible avec l'observance de certaines pratiques mystiques.

Un beau dimanche ensoleillé, après une semaine de travail harassante, il sacrifia un repos bien mérité pour quitter ses pénates et se rendre à ses bureaux. Avant de monter dans la berline stationnée à la porte de sa somptueuse villa, il fit un geste rituel habituel devenu presque banal. En psalmodiant une ritournelle litanie, il jeta des œufs, bâbord et tribord, pour emprunter une terminologie des bateliers.

Les gardiens de céans se tordirent le cou au point d'attraper le torticolis, de peur de susciter le regard courroucé du patron. Ainsi rassuré, ce dernier s'installa confortablement à l'arrière du véhicule aux vitres surteintées, accompagné de son fidèle chauffeur, qui était quelque peu habitué à ses surgissements.

Arrivé au siège de la banque, contrairement à ses usages, il demanda au chauffeur de le conduire directement dans l'arrière-cour de l'immeuble. Surprise ! Toujours camouflé derrière ses lunettes noires, il avala d'un trait les lieux.

À la vue de l'étrange manège, les fayots accoururent pour, certainement, apporter confort et réconfort au Boss. Ils furent invités, sans ménagement, à se faire occuper ailleurs. Les salamalecs à se faire arracher les godillots sont remis à plus tard. Comme quoi Coluche a peut-être raison : « Les gardiens de la paix, au lieu de la garder, ils feraient mieux de nous la foutre ! »

L'horizon ainsi dégagé, notre DG fit sortir du coffre de sa voiture d'étranges paquets contenant… du sel à tire-larigot. D'un pas ferme et décidé, il alpagua un des sacs, sous les yeux riboulants de son factotum qui aurait bien voulu, à l'instant, être édenté. Peine perdue ! Il portera, pour de longues années, le fardeau de sa vue suspendu à sa langue.

Sur les préconisations des devins qui devaient superviser l'opération à distance, le patron de la banque commença à « assaisonner » (pardon, à saliner) le sol du précieux produit, point pour fondre la neige – il n'y en a pas dans cette partie du monde – mais, semble-t-il, exorciser les démons qui, chassés de son bureau, avaient squatté la cour de la banque au point de s'acoquiner avec ses « pires ennemis ».

En dépit de toutes ces torsions et contorsions, ces lotions et potions, ces avanies et zizanies, la parenthèse enchantée fut de courte durée. L'infortuné DG fut congédié sans management par sa hiérarchie au grand dam de ses dévots qui l'avaient pourtant promis longévité et sécurité au prévôt.

Le sage Amadou Hampâté Bâ disait : « La force du mensonge est qu'à force d'être répété, un beau jour le menteur lui-même finit par y croire. »

Histoire n° 02 : Encens, si tu nous tiens !

Nous sommes quelque part, au cœur de la finance battante et palpitante. Les places de responsabilité se négocient difficilement. Tout n'est pas question uniquement de compétence. D'ailleurs, ici, les parchemins se frayent difficilement un chemin. Il faut faire montre d'autres talents, comme le dirait l'autre.

Dans le Wiponzo, l'encens est largement utilisé, tantôt en tant que produit de beauté, tantôt en tant qu'ingrédient de mysticité. À chaque pied son soulier, aime-t-on dire. À chacun aussi son propre encens, devrait-on ajouter. Sauf que certains sont si passionnés par l'encens qu'ils encensent les autres par leur encens.

Un matin, brume et nuages couvraient mystérieusement un établissement bancaire du Wiponzo. Comme à ses habitudes, le PDG de la banque prit l'ascenseur dès que le portail du siège s'ouvrit. Il se veut matinal. Et surtout ponctuel.

Une réunion importante l'attend. En traversant le long couloir qui le mène à son bureau, son sens olfactif est littéralement détourné par une senteur inhabituelle. Il hume le fameux nectar, ouvre son bureau et s'assoit à son aise. Pas tout à fait ! L'odeur, insistante et persistante, le suit et le poursuit. Il peine à retrouver ses esprits. Il enlève sa veste et l'accroche au porte-manteau. Pour avoir un peu plus d'air, il dénoue le nœud de sa cravate, ouvre grandement les volets de la fenêtre et met en marche le brasseur d'air et l'air conditionné. Rien n'y fit ! Finalement, il s'affale sur le canapé de son bureau…

Le moment de la réunion approche. Point de PDG ! Les minutes s'égrènent et s'écoulent. Le patron n'est toujours pas en vue. Pourtant, il est connu pour sa ponctualité aux réunions. L'attente se prolonge presque indéfiniment. Inquiets, les collaborateurs décidèrent de toquer à la porte de son bureau pour s'enquérir de ses nouvelles. Patatras ! Le PDG est retrouvé, mi-conscient, mi-groggy, dans le salon de son bureau.

L'alerte est vite donnée. On court dans tous les sens. Un toubib se présente rapidement. Après l'avoir ausculté, il décide de l'évacuer d'urgence vers le centre de santé le plus proche. Pas le temps d'attendre les ambulanciers, encore moins les brancardiers. Le PDG affaibli, aux jambes en coton, fut saisi vigoureusement par deux gros bras pour l'aider à atteindre l'ascenseur. Le temps presse. Certains collègues qui se sont massés sur le passage n'ont pas cru leurs quinquets. Leurs esgourdes seront sevrées de nouvelle pendant un bon moment. L'information sur l'état de santé du patron est sérieusement cadenassée.

Une heure de temps à peine après avoir été admis aux urgences de l'hôpital, le téléphone d'un des responsables de la banque sonne. Sur l'écran de son smartphone apparait le nom du PDG. Comment quelqu'un qui vient juste d'être transporté, presqu'inconscient à l'hôpital, peut-il retrouver de sitôt ses esprits au point de passer un coup de fil ? Le collaborateur, interrogatif, choisit de ne pas décrocher. Certainement, se disait-il, c'est le toubib qui veut lui annoncer une mauvaise nouvelle. Le téléphone insiste. Après d'interminables secondes d'hésitation, il se ravisa finalement à décrocher. « Allo ! C'est qui, s'il vous plait ? » d'une voix tremblotante. À l'autre bout du fil, on répond : « C'est le PDG ». (Un grand silence) « C'est qui vous dites ? ». « C'est moi… (nom et prénom à l'appui) », insiste d'une voix faible le PDG. Au fur et à mesure qu'il parlait, le son devenait plus audible, comme si ses propos apaisaient ses cordes vocales. Après ces brefs échanges, le collaborateur leva grandement ses deux mains vers le ciel pour remercier la Providence. Le PDG venait de recouvrer sa santé comme par miracle. Par prudence, après les premiers soins, il fut évacué vers un lieu de santé plus approprié pour subir des examens plus approfondis. Avant de partir, il eut le temps d'indiquer la cause de son malheur, la fameuse odeur qui l'a suffoqué dans les couloirs. Réalité ou soupçon vague ? Qui a pu bien encenser le couloir avec cette odeur perfide ? L'auteur présumé, un jeune homme, à la fleur de l'âge, a été vite démasqué. Les consignes sont précises. Il est impératif qu'il libère, *illico presto*, les lieux avant le retour du PDG. Celui-ci revint au service, après plusieurs semaines d'absence, réconforté d'avoir été un survivant, presque un miraculé.

Plus tard, il demanda à l'un de ses proches collaborateurs, si jamais il lui arrivait un malheur à nouveau (le champ du possible étant vaste), qu'il le prenne immédiatement en charge et qu'il le conduise jusqu'à bonne destination auprès des siens.

Depuis cet incident, le PDG se méfiait de tout et de rien. Il reniflait la moindre odeur, avant d'en inspirer ou d'en expirer. Même une petite mouche taciturne est suspectée. Et pour cause ! Celui qui a été mordu par le serpent n'a pas tort de se méfier de la corde.

Histoire n° 03 : Le suicide si je mens !

Au Wiponzo, il est 09 heures en ce jour du mois béni de Ramadan du début des années 80. Le caissier d'une agence bancaire est convoqué par le Responsable du contrôle pour être entendu sur un fait présumé de détournement de fonds. C'était l'épilogue d'une mission de « fait signalé » qui a mobilisé le service pendant plusieurs semaines. Le responsable en question décida d'écouter l'agent seul. Par mesure de précaution, il mit ses collaborateurs en alerte dans les bureaux mitoyens.

Dès le début de l'entrevue, il exposa à son interlocuteur les faits et les irrégularités décelées lors de ses investigations. Visiblement, en mouvement sur sa chaise, celui-ci écoutait d'une oreille distraite. Il ne tenait plus sur place. Les nouvelles sont en évidence embarrassantes pour lui. Confondu avec les preuves, il n'avait d'autre alternative que de reconnaître les faits. Il passa tout de suite aux aveux.

À ses dires, révélés d'ailleurs, par les résultats du rapport de contrôle, il faisait volontairement de la rétention lors des versements de certains clients de la banque. Son mode opératoire était simple : un client vient faire un versement au guichet qu'il tenait. Une fois que les billets aient été comptés, il fait semblant de les comptabiliser en émettant un bordereau manuel de versement qu'il remet au client, prétextant une panne informatique. Ne se doutant de rien, le client tourne le talon et quitte la banque. Le caissier indélicat encaisse lui-même les fonds. Et cette opération est totalement ignorée des livres de la banque, puisqu'en réalité elle n'est pas comptabilisée. Et si, par malchance pour lui, le client revenait pour s'enquérir du sort de son opération, le caissier utilise le même stratagème. Il commence à lui raconter une belle histoire pour éviter que les éventuelles inquiétudes de sa victime ne remontent jusqu'aux oreilles indiscrètes de ses chefs. Il retient les sommes équivalentes chez un autre client qu'il verse ensuite sur le compte du plaignant. Et le tour est joué… jusqu'à ce que la machine se grippe.

Malheur donc au client qui ne vérifie pas régulièrement l'extrait de son compte ou tout au moins le solde de son compte bancaire.

Une question énigmatique demeure : Qu'est-ce qui a pu bien pousser ce caissier, presque adulé par ses pairs, à créer sa propre banque dans la banque ?

Au cours des investigations, des informations ont été apportées en lien avec l'agent : une affaire d'occultisme liée avec une histoire de femme.

Au début, il jurait que c'était sa première fois de commettre une telle mauvaise pratique, puis face à l'accumulation des preuves, sa première ligne de défense tombait. Et pourtant, il affirmait qu'il n'y avait pas de motifs à tous ses agissements.

Lorsque le contrôleur a avancé cette anecdote avec une femme, il a été à la fois surpris et effrayé. Au point de transformer cet homme, calme de nature, en un individu déchaîné. En quelques secondes, il a disjoncté. Avec des yeux révulsés, son faciès était devenu terrifiant au point d'être méconnaissable. Tout son corps tremblait. Dans un premier temps, il attrapa une rallonge électrique posée quelque part sur le bureau. Ne sachant pas trop en faire, voulait-il étrangler le contrôleur, voulait-il s'étrangler lui-même ? Mystère !

Il abandonna finalement la rallonge, puis, d'un geste brusque, il escalada la fenêtre du bureau situé au deuxième étage du bâtiment. Le contrôleur essaya de l'attraper en tirant sur sa chemise afin de lui éviter le geste fatal. Peine perdue ! Le forcené lui laissa le bout d'étoffe pour se sauver. Blessé et écorché à l'avant-bras, le contrôleur s'égosilla pour demander de l'aide. Les collègues, déjà en alerte dans le bureau mitoyen, accoururent en appuyant sur la gâchette électrique. Rapidement, le caissier se retrouva sur le toit de l'immeuble et menaçait de se jeter par-dessus pour mettre fin à sa vie.

Une course contre la montre était engagée. Il fallait coûte que coûte éviter l'irréparable, le drame. La vie d'un homme vaut plus que tout l'or du monde. Le DG qui recevait un « gros client » a été rapidement alerté par le contrôleur de la situation qui pouvait basculer à tout moment. Lui qui venait juste d'arriver à la tête de la banque, il n'en croyait pas ses esgourdes. Un très mauvais présage, se disait-il. Il fit tout de suite appel aux secouristes et aux urgentistes.

En attendant l'arrivée des soldats du feu et face à l'urgence de la situation, le contrôleur organisa les secours à l'interne. Pour dissuader le suicidaire, un premier groupe s'est muni de larges matelas qu'il manipulait au pied de l'immeuble pour l'indiquer qu'il ne succombera pas à sa chute. En réalité, ce n'était qu'un bluff juste pour le dissuader d'aller au bout de sa funeste œuvre. À chaque fois qu'il se déplaçait sur le toit, les porteurs de matelas le suivaient. Pendant que cet exercice d'évitement se poursuivait, un deuxième groupe de personnes avait arpenté le versant opposé du bâtiment. Après avoir atteint la hauteur du suicidaire, ils se sont jetés sur lui pour le plaquer au sol, du moins sur le toit. Sa vie fut sauve. Et avec, l'image et la réputation de la banque.

Immédiatement pris en charge, le personnel médical recommanda de le garder sous surveillance pour la nuit et, au besoin, pour les jours suivants, pour prévenir toute récidive.

Le matin suivant, après les tumultes de la veille, le responsable du contrôle reçoit une visite inattendue, presque surréaliste. Le candidat au suicide envoya un de ses amis, collègue de service, pour s'enquérir de son téléphone portable qui serait tombé dans le bureau du contrôleur, à ses dires, lors de sa tentative désespérée de mettre fin à ses jours. L'appareil fut retrouvé et lui fut remis.

Sachant bien qu'à ce jour, aucune existence du téléphone portable n'a été révélée après la mort, alors il est fort probable que l'infortuné agent de banque ait décidé de prolonger son séjour ici-bas tout en continuant à communiquer avec les autres Terriens. Voilà bien une résolution sage !

La fin de cette histoire qui aurait pu être plus dramatique se termina de façon bucolique, presque loufoque. Pour une histoire sacrée, ce fut vraiment une sacrée histoire !

Histoire n° 04 : Les orques, le grizzli et le léopard

Dans la nature, il y a peu de chances que ces espèces se rencontrent. Tout les sépare. Mais seul leur instinct les unit. Ils sont des surperprédateurs liés par un pacte trophique. Le secteur bancaire leur offre le cadre idéal de cette alliance contre nature, inédite et insolite. Mais dans la nature, comme en finance, tout est incertain et rien n'est jamais acquis. À l'heure du repas, tous les animaux dans la nature se transforment en proies. Chaque espèce est dominante ou dominée face à une autre. Sauf les Alpha prédateurs dits prédateurs "absolus" qui sont au sommet de la chaîne alimentaire. Chez ces tueurs en série, la consigne est claire : chasser sans se faire chasser. Pour les autres, se cacher ou fuir reste la seule chance de survie. Le monde de la finance obéit à ces mêmes règles. Loin des regards bavards et des oreilles fouineuses, il se féodalise : quelques prédateurs et une grande masse de proies.

Passons en revue les acteurs de notre mimodrame.

Le premier à s'avancer sur la scène bancaire est un groupe de mammifères marins : les orques du Pacifique. Les scientifiques en distinguent trois écotypes : les résidentes qui sont près des côtes, les hauturières qui vivent plus au large et les transientes que l'on retrouve en haute mer. Avec la vaisselle de poche, ces méga-prédatrices ont un appétit pétulant. Elles se nourrissent de baleines. Même si elles harcèlent et tuent les marsouins, elles ne les mangent jamais. Elles avaient fait une lecture heureuse de l'ouvrage *Le Prince* de Machiavel : "Si tu savais changer de nature quand changent les circonstances, ta fortune ne changerait point". Ce sont des "rentiers" qui sont en petit nombre, mais qui restent prépondérants dans le patriciat. Ils détiennent des positions inexpugnables dans l'organigramme marin forgées par une longue période de prédation.

Prétendant détenir des pouvoirs mystiques – à l'écho idéalement amplifié par la coterie – les orques ont créé un mythe dans leur riveraineté, satisfaisant leur satiété de l'anorexie collective. Quand il s'agit de distribuer des prébendes, elles font légion d'avant-gardistes au point de faire perdre le pied aux jusqu'au-boutistes. Mais dès que la défaite pointe à l'horizon, elles détalent avant le crépuscule. Elles boivent à la fontaine du succès et siestent sous l'arbre de l'impunité. En embuscade, chacune de ces orques a un agenda propre. L'objectif clairement affiché est d'être intronisé "folle du roi". À ce jeu - puisque c'en est un – la prédatrice qui s'aventurera dans la zone de sa rivale serait une proie.

L'air débonnaire et la démarche pesante, notre second acteur est un mammifère terrestre féroce et coriace. Le grizzly attaque rarement, mais il ne tolère pas qu'on s'aventure sur sa route. Un peu accommodé et s'accommodant, il est loyal au point d'exécuter tous les caprices de ses chefs. Ce gladiateur XXXL a des dimensions gargantuesques. Avec plus de deux mètres d'envergure et près d'une demi-tonne de muscles (excusez du peu !), c'est une puissance à l'état brut. Son odorat exceptionnellement développé lui permet de sentir sa proie à une trentaine de Km de longueur. Contre toute attente, il avait été désigné "dauphin" par un précédent autocrate, un guépard éméché et irascible. Après sa forfaiture, l'intrépide fauve médite en mille lieux cet adage de bon sens : « Qui boit sans soif vomira sans effort. »

Le troisième personnage est connu du monde de la finance, un vieux de la vieille comme le diraient les mauvaises langues. Il a roulé sa bosse un peu partout dans le Wiponzo. Le léopard, *panthera pardus orientalis*, puisque c'est de lui qu'il s'agit, règne sans partage sur la meute. Plus qu'un chef, c'est un monarque adepte de la centralité. Excellent grimpeur, il peut hisser sa proie jusqu'à la cime des arbres, pour ainsi s'affranchir de la convoitise des autres prétendants. Il ne se déplace jamais sans ses taches, même si son ombre n'a pas de rayures. Ce dernier détail a son pesant d'or pour décrypter l'exceptionnelle longévité du redoutable prédateur et de ses troublants agissements. Bien qu'il soit un chasseur hors-pair, la principale occupation de ce félin est le repos. Méfiez-vous ! Même s'il sommeille, le bout de sa queue est toujours en mouvement. Il distribue les rôles, se retire dans son logis et compte sur la loyauté de son "cercle" pour se prémunir des attaques rivales.

Un casting délicat

Au « mercato » bancaire, le choix a été porté sur un vieux léopard pour remplacer un intrépide guépard. Le gourmet a pris la place du gourmand. C'est en ce moment qu'une nouvelle orque apparut. Et à son dos, un compagnon pas tout à fait ordinaire : un élégant orang-outan au crépuscule de son âge, désargenté, qui verse dans le registre de l'admiration effrénée pour ses chefs et qui manie la flatterie comme un jongleur manie ses massues. Ce grand singe anthropoïde, l'air boursouflé, hurla d'ardeur de se retrouver en si haut lieu bambochant. Il a l'assurance d'un individu qui vient de découvrir le fil à couper le beurre.

- *Qu'est-ce que c'est ?*, s'exclame le léopard à la vue de l'étrange binôme.

- *Chef, c'est Pongo, vous ne l'avez pas reconnu ?* Lui répond l'orque bagagiste.

- *Ce n'est pas ma question. Que fait-il sur votre dos et à mes pieds ? Vous savez que c'est un primate très ambitieux et férocement territorial qui n'hésite pas à se défausser sur les capucins au moindre tracas. Où avez-vous mis la bufflonne ?*

- *Elle s'est rebellée à votre autorité. Je m'en suis débarrassée*, dit l'épaulard très remonté contre les remontrances appuyées de son mentor. *La bufflesse s'est aussi trop aventurée dans nos victuailles*, surenchérit-il.

- *M'enfin ! Pour si peu !* s'exclame le félidé. *Malgré son apparente boulimie, ce bovidé est peu gourmand, il ne consomme que 2% de son poids. Et l'autruche ?*

- *Patron, elle n'est pas apte à votre grâce. Elle est très vulnérable à table. Et quand elle n'est pas dans les commérages, elle prend soin de son plumage. C'est trop d'effort pour si peu de confort.*

- Et le léopard de renchérir : *Dame orque, vous avez des lubies ou vous faites du lobbying ? Je cherche un étalon, vous m'amenez un poney. Je veux un aigle, vous m'offrez un poussin. J'ai l'appétit d'une baleine, vous me servez une sardine. Vous connaissez la formule : "Ce n'est pas à toute oreille percée que l'on met des anneaux en or". Avez-vous un problème de casting madame ?*

- Sir, qu'il vous plaise de trouver dans mon choix l'expression de mon dévouement. Pendez-moi si je vous mens. Je vous amène une accorte compagnie, un serviteur loyal, un bosseur acharné, un dévoué à votre cause… Un orang-outang en poils et en chair, serviable, taillable et corvéable à votre merci.

En arrière-plan, le grizzli d'un air intrigué assiste, silencieux, à l'entretien. En bon Africain, il sait que "si la calebasse se hasarde à traverser le fleuve, c'est qu'elle est en complicité avec le vent". D'un trait, il avale du regard le grand singe qui n'est qu'un chaton à sa mesure, presqu'un animalcule. Même à mensurations identiques, le mastodonte sait qu'il n'a pas à le redouter. Dans un passé récent, il a dû jouer l'entremetteur pour séparer l'"homme de billets" de son émule, "la femme de pièces", dans un duel épique pour le contrôle du grisbi.

Après le plaidoyer appuyé de Dame orque, le pacte fut scellé et l'ambitieux Pongo prêta allégeance à la tribu. Pour autant, sur l'exaltante route de l'existence, le primate, habitué aux délices de la félonie, sait qu'il scrutera la bonne opportunité pour se prélasser en meilleure compagnie.

Le visiteur encombrant

Aux premières lueurs du jour, un requin-pèlerin efflanqué est découvert échoué sur les berges du Wiponzo, à quelques encablures du sanctuaire des orques. Apeurées par le bruissement du prédateur, elles n'en croient pas leurs esgourdes. Elles accourent retrouver sur la banquise le grizzly grondant, grognant et grommelant à leur vue. Le grand ours se doute de la tristesse de la nouvelle.

"Gouti ! Un grand requin blanc est à la plage." À ces mots, l'ogre à l'ouïe fine et à l'odorat affiné se dressa de tout son long pour balayer l'horizon. À la vue de l'étrange visiteur, il s'affaissa de tout son poids. Pour toute réponse, il s'emmura dans le silence devant les yeux érubescents des cétacés. Après une infructueuse litote, le groupe se transporta chez Maître Léopard juché sur l'arbre, tout occupé à veiller sur sa harde de femelles.

- *Purgez vos esprits,* vitupère le félin ! *La nouvelle m'est déjà parvenue. Ce n'est pas parce qu'il vient de la "Mer blanche" que c'est un requin blanc. C'est vrai, celui-ci ressemble à s'y méprendre à son cousin le requin-pèlerin. Mais c'est un faux monstre marin. Édenté, il est inoffensif.* C'est par ces mots que le félin pensait rassurer la meute quelque peu ameutée.

- *Chef, excusez-nous ! Qu'il soit pèlerin ou aborigène, un requin reste un requin. D'ailleurs, on le dit chez nous : "le chat, qu'il soit rouge ou noir, est toujours dangereux pour la souris".* Un refrain entonné à l'unisson par la coterie à la frayeur exaltée et exhalée. Et, ils n'ont pas tort : "Même à sec, la rivière garde son nom."

- *C'est vrai,* renchérit le léopard, *notre voisin incommodant est un tribun rebelle, un dur à cuire, un jusqu'au-boutiste avec une grosse capacité de nuisance. Et, précision de taille, il est extrêmement solitaire. Ses apparitions sont rares et toujours captivantes. Gardez vos distances et évitez la confrontation. Soyons solidaires et vigilants ! Sous peu, dépité et amputé, il retournera à des lieux plus convenants loin de nos terres. Nous avons toutes les cartes en main*, conclut le redoutable félin.

Sur ces entrefaites, il prend congé de sa faîtière avant de se retrancher dans ses appartements avec sa douce otarie qui n'arrêtait pas de bêler d'impatience. Il l'alpagua, l'aspergea de son précieux liquide et la hissa à la cime de l'arbre. Ainsi, il passa du pas au repas.

Et les orques, habituées à festoyer quiètement, ne sont pas au bout de leurs surprises. Elles connaissent bien leur compétiteur et savent, malgré les assurances reçues, que le combat sera long et rude. Et le requin-pèlerin n'ignore pas aussi qu'il est en terrain hostile. Malingre, l'estomac au talon, il ne lui est pas aisé de faire l'économie d'une confrontation s'il veut survivre, d'autant que "l'abeille qui reste au nid n'amasse jamais de miel". La tempête retombée, avec la foi du charbonnier, il se résout à aller directement à la rencontre du monarque. Ses premières tentatives furent infructueuses. La garde prétorienne l'y empêcha. Mais à force de persévérance, il finit par avoir une entrevue. *"Monsieur le directeur général, pour m'introduire, laissez-moi citer un adage du terroir :* « *Si la tortue rend visite au tisserand, ce n'est pas pour chercher une couverture. Elle a mieux : sa carapace.* »

"Monsieur, vous avez une parabole, moi j'ai une pare-balle. Épargnez-moi vos calembours et calembredaines. Faites vite SVP ! Ma patience commence à s'émousser. Ne perdez pas votre temps inutilement et, de grâce, ne me faites pas perdre le mien. Allez-y droit au but !", précisa d'un ton autoritaire le félin.

"Rassurez-vous, je ne suis pas venu quémander un poste ou quelque faveur que ça soit. Mon parcours ne vous est pas méconnu", retorqua le squale, très en verve, avant d'ajouter : *"On ne peut pas emboucher la trompette et s'écharper pour le sifflet"*.

Dissimulant un immense cynisme, le félin tenta une nouvelle approche : *"Alors, parlons d'homme à homme (pardon d'animal à animal), que voulez-vous au juste ? Quelle est réellement votre ambition ?"* Pour créer plus d'intimité, une sorte de confiance factice, le léopard quitta son fauteuil douillet pour se rapprocher de deux pas, puis de trois, au point de s'accoler à son interlocuteur. Celui-ci, très prudent, recula sa chaise d'un pas, préférant garder une bonne distance. Il a appris des sages africains qu'il ne faut point lécher ce qui peut t'avaler.

Pour toute réponse, le requin indexa du doigt le fauteuil du léopard. N'étant pas au bout de sa peine, celui-ci se tourna et se retourna à la recherche de l'objet convoité par son interlocuteur.

« Mon ambition est d'être le DG de cette banque », dit-il vertement au maître de céans. *« Vous pouvez rêver puisqu'il n'est pas interdit de rêver »*, retorqua rageusement le félin, plus qu'embarrassé par cette réponse inattendue. Il n'en fallait pas plus pour qu'il mette fin à l'entrevue. *« Désolé, nous affichons complet ! »* bafouilla-t-il. Sa riposte disproportionnée fut à la hauteur de la témérité de l'envahissant visiteur.

Dans le monde de la finance, tous volent au secours de la victoire. Peu reconnaissent leur responsabilité en cas d'échec. Dans la prédation, l'assemblage de partenaires improbables a toujours eu un destin éphémère et tragique. Une équipe n'est pas une collection de talents. Notre belle triplette en fait foi. Aucun pacte trophique ne peut résister ni à l'usure du pouvoir ni à la morsure des ambitions.

À des moments, certains dirigeants peuvent surestimer leur force ou leur ruse. Le temps, chargé de leurs casseroles bruyantes, les a toujours ramenés à leur juste proportion.

Histoire n° 05 : Un duo pour un duel

« Mépriser son adversaire, même petit et frêle, a toujours été une erreur stratégique », nous enseigne le sage Amadou Kourouma. Avec le secteur bancaire, cette expression prend tout son sens.

Primate contre félidé. Frugivore contre carnivore. Habilité contre férocité. Un petit singe se mesure à deux des plus grands félins sauvages au monde. « Y'a pas photo », comme le dirait trivialement les enfants. Pourtant, ces compétiteurs de circonstance vont se livrer un duel homérique que seul le monde bancaire peut en offrir le cadre. Pour les amateurs de la nature, comme de la finance, le frisson est garanti.

Les acteurs

Le gibbon, *Hylobates lar*, est le singe anthropoïde le plus petit au monde. Haut comme trois pommes à genoux, il se déplace vite et fait des bonds spectaculaires, par brachiation. Il est agile et habile. Il ne manque ni de cran ni de persévérance pour la garde de son territoire. Au regard de son déhanchement saccadé, les Chinois n'ont pas hésité à le surnommer le « gentleman » des forêts.

Le tigre, *Panthera tigris*, est le plus grand félin sauvage et l'un des plus grands carnivores au monde. C'est un excellent nageur et un chasseur hors pair. Quand il bondit sur sa proie, son dîner est servi. Reconnu par certains comme le « roi des animaux », le tigre est présent dans les mythologies chinoise et hindoue. Son point fort c'est sa vélocité et sa férocité.

Un duel sinoque

Au fond de la jungle, sous les feuillages touffus de la sylve, une étrange scène se prépare. De nature solitaire, deux tigres mâles, au printemps de leur vie, appartenant certainement à la même fratrie, gambadent, s'entrelacent, se cajolent et jouent à se tordre de plaisir. Comme quoi rien ne vaut l'entente et la détente !

Soudain, un évènement inattendu se produit, un spectacle rare et peu observé. Un gibbon, tout feu toute flamme, surgit entre mille et une branches pour chatouiller l'oreille d'un des félins. La surprise fut d'autant plus grande pour les deux fauves que le geste de l'intrépide provocateur fut sec et furtif. Elles auraient pu faire du frêle singe, se prélassant seul dans les entrailles de la forêt, une simple bouchée. Même si, a priori, ce primate, rétif et chétif, n'est pas une proie appétissante pour ces fauves très gourmandes. À l'audace inégalée, presque suicidaire, il va bousculer les certitudes.

Le tigre est un tueur né, doté d'un instinct hors pair. Il sait que la surprise fait partie des techniques de chasse. Tout comme la patience en est une arme. L'un des deux félins, certainement le chef, gueule largement ouverte et langue haletante, se mit à l'observation tandis que son comparse, couché sur le flanc, était presque hypnotisé par le manège du gibbon. Il est vrai que la menace surgit rarement là où on l'attend.

L'effet surprise passé, le couple de prédateurs se ressaisit et contre-attaqua. Le primate ne l'entendit pas de cette oreille. Il choisit comme stratégie la manipulation : « Diviser pour mieux régner ». Ainsi, il sépara les deux félins en privilégiant des attaques individuelles. À chacun de ses balancements d'une branche à l'autre, il travailla méticuleusement et méthodiquement les esgourdes et la queue des tigres en leur infligeant une bonne gifle, sinon une bonne fessée. Si ce n'est un pincement pour leur rappeler la leçon : « Vous n'êtes pas les bienvenus ici ! Débarrassez le plancher ! »

Une leçon de vie

Rien ne fit, ni le feulement ni les tentatives de griffage des superprédateurs. Joueur et taquin, le gibbon faisait montre d'une incroyable témérité face au danger. Il restait de marbre aux intimidations de ses adversaires. Toute âme attendrissante, présageant la fin prochaine du singe, l'aurait conjuré à détaler. Mais l'insolent primate l'aurait certainement répondu : « Je suis créé pour garder mon calme ».

Tournoyant, bondissant, le gibbon giguait et zigzaguait. Avec des trajectoires très aléatoires, il enchaînait descentes et montées. Il poussa l'outrecuidance, en descendant de son perchoir pour mettre pattes à terre, malgré la hargne des deux redoutables prédateurs. Ceux-ci n'en crurent pas leurs yeux. Ils commencèrent à se chamailler sur la technique à adopter. L'audace face à la force. L'habileté contre la férocité. L'un des tigres, effaré et suranné, tenta un repli tactique en se camouflant derrière un arbuste qui cache à peine l'ombre de sa queue qui tapote sur le sol. Pourtant, le primate, sûr de son avantage et totalement à découvert, il sauta habilement de branche à branche d'arbre en arbre. Puis, pattes à terre, il sautilla deux pas en avant. Ce fut la provocation de trop. Le tigre bondit. Mais pas assez fort pour alpaguer le singe qui s'agrippa, une nouvelle fois, à une des nombreuses branches suspendues.

Et la provocation va connaître son épilogue. Notre téméraire gibbon, poursuivant son funeste jeu simiesque, a le toupet d'inviter ses deux compétiteurs d'infortune à un décathlon improvisé : course de vitesse suivie d'un saut à la perche avec au finish un lancer de poids. Comme pour se donner du courage pour un duel qui s'annonce tendu, il se mit à la verticale sur une branche à peine tenable en formant un perpendiculaire avec le dos des deux félidés, soigneusement alignés pour la circonstance.

La course fut lancée. Elle se poursuit par un saut à la perche dont le primate excella à nouveau. Pour l'épreuve du lancer du poids, le vainqueur du jour se saisit d'une large feuille pour la balancer sur le postérieur de ses deux rivaux. Ceux-ci, secoués par la hardiesse de leur adversaire, n'eurent pas le temps de répliquer. D'un coup sec, le primate remit le couvert. Il donna une grosse baffe sur le dos d'un des félins, assoupi par la récurrence d'une telle flagellation que seule la consolation de son compagnon gnangnan adoucit. Et pour ne pas en rester là, le gibbon fit une nouvelle approche plus que périlleuse. Il prit l'un des tigres par sa longue oreille, tentant de le porter à la cime de l'arbre. Le poids du prédateur le dissuada de poursuivre l'effort.

Plus que téméraire, le singe donna le tournis aux deux félidés pour qui l'existence ne fut guère quiète. Lassés par une pénitence inattendue et insistante, les félins décidèrent d'abonner la partie en prenant un « billet sans retour ». Le primate, fier d'une victoire arrachée de haute lutte, avec certes un brin de réussite, se perche pour les voir, l'un après l'autre, décamper des lieux. Pour s'attaquer frontalement à ces superprédateurs, notre improbable héros a prouvé qu'il était un as de la survie et de la témérité.

Pour conclure, si vous voulez une preuve que le pire n'est jamais certain, travaillez dans la finance. Comme dans la jungle, rien n'est définitivement acquis tant que le gong final n'a pas retenti. Au cours de cette rencontre improbable entre primate et félidés, l'issue du duel qui paraissait presque scellée a livré un tout autre résultat.

Quand un gibbon, aussi audacieux et intrépide soit-il, vient à bout de deux tigres à la forme pulpeuse et à l'appétit aiguisant, il faut admettre que le rapport de forces n'est pas toujours physique. En milieu bancaire, ce cas est loin d'être énigmatique. Certes, il n'est pas fréquent, mais en rencontrer ne relève pas de l'extraordinaire. Trois raisons expliquent cela.

La première raison est un rappel. À l'instar du monde animalier, le véritable métier de banquier s'acquiert sur le tas, sous l'œil vigilant des aînés. Il se peut que vous soyez un jeune impétrant chargé de parchemins, mais pour vous retrouver dans les arcanes de la finance, il est nécessaire d'avoir une bonne guidance. Et l'homme de terrain, celui qui vous a précédé dans le métier, est votre meilleur coach. C'est la raison pour laquelle dans les banques de détail, le profil de « banquier sac à dos » est préférable, pour certains postes, à celui de « banquier supervitaminé ». Et c'est la pratique qui peut faire qu'un vieux soldat de banque peut supplanter sur le terrain un jeune officier de banque, sorti fraîchement d'une grande école de commerce ou d'ingénieur.

La seconde raison est (presque) évidente. Quand l'organigramme officiel ne correspond pas à l'organigramme naturel, tôt ou tard, il y a des interstices qui apparaitront et qui finiront par devenir de grosses brèches dans la gouvernance bancaire. Et tout y passera : félonie, flétrissure, galéjade… jusqu'à griser la machine de production et de distribution. Puisque, ne l'oublions pas, la banque est d'abord une industrie avant d'être un lieu de commerce.

« De la baleine à la sardine et du poisson rouge à l'anchois, dans le fond de l'eau chacun dîne d'un plus petit que soi », disait l'humoriste Francis Blanche. Dans le monde animalier comme en finance, baisser la garde est suicidaire. Les moments de répit sont rares. On passe rapidement de la quiétude à l'agitation. Il faut donc rester constamment vigilant pour ne pas finir ses jours dans la panse d'un prédateur. C'est la troisième raison.

Histoire n° 06 : Le devin et l'homme de droit

La banque est un lieu énigmatique où se rencontrent et s'échangent, sans forcément se voir, des professions qu'a priori rien n'aurait pu réunir. La scène se déroule dans une agence bancaire située quelque part sur cette vaste terre mythique et énigmatique du Wiponzo. Le directeur d'agence, un homme bien en chair, a un gros trou dans sa raquette. Dans le jargon, on dirait plutôt un « manquant de caisse ».

Toutes les investigations qu'il a lui-même menées n'ont pas permis de retrouver les fonds volatilisés, encore moins de mettre la main sur l'auteur du forfait. Au lieu de saisir sa hiérarchie et les structures de contrôle, il décida de poursuivre les recherches par ses propres moyens. Et de quelle manière ! Il fit appel à un redoutable géomancien qui débarqua avec ses « outils de consultation » sur les lieux. Sur les directives de celui-ci, tout le personnel de l'agence devrait jurer sur son idole de leur innocence. Il y a eu un collaborateur qui refusa de se plier à cet exercice incommodant. Il devenait dès lors le principal suspect. Face à cette rébellion inattendue, pour le moins louche, de vives discussions s'engagèrent à la limite de l'empoignade. L'agent concerné contacta l'un de ses parents, un homme de droit, pour l'entretenir des faits. Celui-ci l'enjoignit de refuser cette nouvelle « tâche » pour le moins saugrenue et décida d'alerter la hiérarchie de la banque. Celle-ci, au regard de la gravité des faits et des conséquences désastreuses qui pourraient en découler pour l'image et la réputation de l'entreprise, mit fin immédiatement aux agissements de l'indélicat directeur d'agence en confiant le dossier aux structures habilitées.

L'écrivaine Fatou Diome aimait dire : « Quand il y a un loup plus teigneux, les autres loups passent pour être des agneaux. »

Histoire n° 07 : Le phénix

La tradition grecque nous apprend que le phénix, après avoir été consumé par le feu, renaquit de ses cendres quelques jours plus tard. Depuis, cet oiseau fabuleux et mythique symbolise la renaissance et l'immortalité. Le monde bancaire en est une des illustrations les plus contemporaines.

La nouvelle histoire nous amène dans un pays voisin du Wiponzo. Un directeur général de banque, très malade et affaibli, fut évacué d'urgence à l'étranger pour recevoir des soins appropriés.

Après avoir écumé tous les grands hôpitaux d'Europe, l'avis des toubibs sur son état de santé était plus que réservé. Pressentant une issue fatale, ses parents décidèrent de le ramener au pays, plus précisément dans son village natal, certainement pour être enterré sur la terre de ses ancêtres. Là-bas, son état était tel qu'il fallait le garder dans un local « frigorifié ». Avec un brin d'espoir, ses parents décidèrent néanmoins de le confier aux guérisseurs traditionnels.

Les collaborateurs les plus fidèles du DG, au vu de l'évolution défavorable de sa situation sanitaire, désespèrent au point de baisser les bras et de retenir les pieds. Pour beaucoup, la nouvelle fatidique n'était plus qu'une question de jours. À la banque, la page était (presque) tournée. Ses détracteurs cassaient régulièrement du sucre sur son dos.

Même les organes de gestion de la banque ont procédé à son remplacement en désignant un « intérimaire » définitif.

Plusieurs mois après, celui que l'on prenait pour mort, est réapparu au siège de la banque. Relativement en pleine forme, drapé d'un élégant costume sombre, avec une belle cravate rouge portée sur une chemise blanche, il arpenta les escaliers et se dirigea directement vers ses (anciens) bureaux. Les collaborateurs qui croisèrent son regard ont dû vite rebrousser chemin. Il se présenta à son secrétariat. La surprise fut telle que la tenancière des lieux s'évanouit. Plus tard, remise de ses émotions, elle se réveillera dans la salle de soins. Pris entre cauchemar et réalité, d'autres collègues qui passèrent par-là eurent tourné leur langue et leurs yeux, au moins sept fois, avant de se rendre à l'évidence : « Le grand boss est là, en chair et en os ! »

L'étonnement passé, les organes sociaux furent convoqués et le ressuscité reprit (presque) naturellement son poste. Il y resta pendant dix longues années. Certains de ses pourfendeurs, terrifiés par la terrible nouvelle, ne se sont pas fait prier pour présenter leur démission. Jadis connu pour ses pouvoirs mystiques redoutables, l'énigmatique DG gagna en grade dans la conscience populaire. Il s'est fait une peau d'invincibilité au point d'être d'un intouchable.

Morale de l'histoire : le milieu bancaire fait partie du domaine de l'improbable. Rien n'est définitivement certain. Et, il faut, surtout, se garder de tirer un trait sur la base d'un simple point.

Histoire n° 08 : Le huitième ciel, si tu m'attrapes !

Les exégètes nous apprennent qu'il y aurait (exactement) sept cieux au-dessus de nos têtes. Ces lieux seraient, semble-t-il, inaccessibles aux Terriens. Mais, pas pour tous, à l'apparence.

Nous sommes à la fin des années 80. Un jeune trentenaire dirigeant d'une banque du Wiponzo, accro à la vie pimpante et trépignante, et une de ses proches collaboratrices, cinquantenaire de son état, décidèrent de défier les lois de la gravité et de la science ésotérique en effectuant un voyage improvisé et périlleux jusqu'au… huitième ciel.

Pour raconter cette incroyable ascension céleste, (cette nouvelle découverte en quelque sorte), rembobinons ensemble le fil de l'histoire. Depuis quelques années, la collaboration entre les deux employés était devenue difficile au point d'être délicate. La collaboratrice se plaignait, régulièrement, de son chef. Pourtant, toutes les investigations menées par la hiérarchie conclurent à l'inexistence de preuve concrète pour soutenir une telle accusation. Rien que de la fabulation en somme ! Non satisfaite, elle décida de porter formellement plainte auprès de l'autorité habilitée, en l'occurrence le bureau du cadi, pour « harcèlement répétitif et excessif », à ses dires. Le putatif coupable fut convoqué. Une confrontation est rapidement organisée avec la plaignante. Le cadi demanda d'abord à celle-ci de donner sa version des faits.

« Ce monsieur, que vous voyez là, me harcèle depuis plusieurs années. J'ai tout fait pour qu'il me laisse en paix. Impossible ! Au travail et à la maison, c'est toujours la même chose. Il me poursuit sans cesse. Même la nuit, il me harcèle dans mon sommeil. »

À ce niveau du récit, les regards interrogatifs de l'assistance se figèrent. Les oreilles se dressèrent. La dame n'en avait cure. Tellement, elle en avait gros sur le cœur et surtout dans la tête. Elle continua allègrement sa déposition : *« L'autre nuit, il m'a poursuivi jusqu'à la maison. Heureusement, il n'a pas pu m'attraper. Je me suis réfugiée dans ma chambre. Malgré ça, il est resté à la porte. Comme il ne partait pas, j'ai finalement décidé de m'envoler. C'est ainsi qu'il m'a poursuivi jusqu'au... huitième ciel. »*

Abasourdi par cette histoire abracadabrantesque, le cadi marmonna d'abord quelques formules incantatoires (sait-on jamais !) avant de demander une précision de taille : *« Où, dites-vous, madame ? »*

« Jusqu'au huitième ciel ! » martela-t-elle d'une voix ferme.

« Madame, s'il vous plait », coupa net le cadi. *« J'ai bien compris. On va s'arrêter là pour le moment pour votre audition. Attendez-moi à la porte, le temps que je m'entretienne aussi avec l'autre partie ».* Le cadi s'adressa au dirigeant de banque : *« Monsieur, j'ai maintenant bien compris l'affaire. Toutes nos excuses, regagnez quiètement vos bureaux. Au cas où l'on aurait besoin de vous, on vous fera appel. »*

Morale de l'histoire : Il susurre que le métier de banquier mène à tout, même à celui de voltigeur émérite et d'étoile filante. Mais de là à voler jusqu'au huitième ciel ? Il fallait vraiment l'imaginer et surtout le faire.

L'écrivain gallois Ken Follett a raison : « Dans le monde où nous vivons, il n'y a pas de pitié. Les canards avalent les vers, les renards tuent les canards, les hommes abattent les renards et le diable poursuit les hommes. » Que les banquiers se le tiennent pour dit !

Histoire n° 09 : Le vieux temple

Au cœur des forêts luxuriantes du Wiponzo, à un jet de pierre de la mer, se dressait un temple, une grande banque pas comme les autres, non pas par ses mensurations, mais par ses fabulations et ses superstitions. Dans cette localité hors du temps, plusieurs dirigeants se sont succédé à la tête de cet établissement bancaire ; certains se sont surpassés, d'autres y ont trépassé. Peu ont pu passer entre les gouttes. Tous ont laissé des marques inamissibles sur leur passage. Mille fables s'invitent à table. Elles ne se ressemblent pas mais s'assemblent aisément.

Commençons par une. Les bouches amères soutiennent que le responsable sortant souhaite rarement la réussite de son successeur, surtout quand il est congédié. Celui-ci laisserait traîner sur les lieux des sortilèges pour mettre des bâtons dans les roues du rentrant. Cette méfiance, avérée ou exagérée, expliquerait certains actes irrationnels de beaucoup de dirigeants quand ils sont appelés aux affaires.

Un directeur général, au zénith de son âge et au nadir de sa forme, extrêmement rompu à la tâche, n'avait pas grand-chose à envier à ses devanciers, en matière de pratiques mystiques. Très passionné par son métier, il avait l'imagination débordante. Il venait d'être nommé à la tête d'une banque, en grande souffrance, du Wiponzo. À sa prise de fonction, il prenait prétexte d'entreprendre les douze travaux d'Hercule pour booster les résultats de sa banque. Il commença par nettoyer les écuries d'Augias. Le discours officiel était séducteur et galvanisant pour le personnel : « Redonner à la banque toute sa splendeur ! ». La consigne donnée à un factotum, recruté pour les besoins de la cause, était d'une limpidité rare : « Il faut traquer tous les démons visibles et invisibles, en vidant tous les tiroirs des bureaux, en décrochant tous les tableaux des murs... pour les remplacer par des bureaux modernes et des tableaux de maître ». À la fin des travaux, la trouvaille de l'équipe de nettoyage était à la hauteur des attentes du maître de céans : des effets personnels insolites (préservatifs, parfums, déodorants, entre autres) et surtout (cerise sur le gâteau) une impressionnante collection de talismans, d'amulettes et de gris-gris retrouvés dans les bureaux, dont ceux de certains cadres au style de vie occidental. Pour reprendre une expression religieuse, s'il en est ainsi du bois vert, qu'en sera-t-il du bois sec ?

À la décharge des propriétaires des objets insolites, il faut souligner que dans plusieurs pays africains, le bureau n'est pas perçu simplement comme un lieu de travail, mais plutôt comme un espace privé où il est plus sûr d'y garder certains « secrets » que de les laisser dans sa chambre à coucher à la merci du regard fouineur du (de la) conjoint(e).

Au vu de l'énormité de la découverte dont ses oracles avaient présagé l'existence, et surtout de l'effet maléfique, le nouveau directeur général décida de mobiliser toute une communauté villageoise pour la préparation des sacrifices nécessaires à désenvouter les lieux, à le prémunir de toute force malfaisante, à élargir le cercle de ses défenseurs et ainsi à le préserver de ses offenseurs.

Est-il vrai que le pouvoir donne des envies et fait des envieux ? Il est tout aussi vrai que le pouvoir suscite des convoitises chez ses prétendants et crée des hantises chez ses tenants. Pourtant, ces derniers s'en séparent, rarement, de bon cœur.

Il y a une trentaine d'années, un directeur de banque s'était aussi fait remarquer par une singularité bien particulière. Sous les prédictions de ses augures, il décida de soulever tout le plancher de son bureau pour poser un nouveau carrelage. Bien lui a pris, peut-on en dire maintenant, puisqu'il susurre que sous le parquet, gisait une étrange calebasse au contenu très étrange. Flippant non ! Le présumé butin fut exposé à la coterie dont la foi aux pouvoirs surnaturels de leur mentor ne fut que renforcée. Les paroliers africains disent : « Quand votre chien attrape l'improbable, les bavards et les musards vous feront perdre toute la journée. »

Que reste-t-il finalement du vieux temple à l'historique si souvent vanté par ses occupants ? En vérité, rien qu'un amas d'horripilations et de tribulations ! Chacun doit se convaincre que si le vent du malentendu souffle sur l'étincelle des rancœurs, s'allumerait alors un brasier dont personne ne pourrait présumer l'ampleur et les limites. La théorie du chaos explique qu'une variation minime dans le mouvement d'éléments liés entre eux peut provoquer des effets en cascade aux conséquences incalculables. Les enjeux doivent être plus importants que les ambitions personnelles. Il faut s'élever au-delà des intérêts partisans, éviter les chocs des ambitions et briser le climat de défiance pour instaurer la confiance. La légitimité ne s'impose pas, elle s'acquiert et se mérite. Le célèbre conférencier Hervé Sérieyx prévient qu'il ne faut rien attendre d'« un système où règnent la méfiance et le mépris, où les dirigeants ne respectent pas la parole donnée, ne donnent pas l'exemple de ce qu'ils exigent de leurs collaborateurs, bénéficient d'avantages exorbitants, s'il n'existe ni bonne foi, ni droit à l'erreur, ni transparence des critères au nom desquels on est jugé[75]. »

En dépit de tous les efforts consentis, si le projet d'entreprise est toujours dans les limbes ou en lambeaux – qu'importe d'ailleurs l'un des deux – il faut alors désespérer de continuer à espérer une involution durable de la situation de la maritorne du Wiponzo et la laisser aux bons soins des démons les plus redoutables et de leurs alliés les plus démoniaques.

---

[75] Hervé Sérieyx, Gouvernance d'entreprise et développement durable : carpe et lapin ou dialogique féconde ?, 3 février 2004, www.herveserieyx.com

Histoire n° 10 : La burqa bancaire

Un ancien président français avait la phobie de la burqa, à tel point que cela est devenu un des marqueurs de son mandat. À ce titre, il a mené un combat politique sans répit contre le port du voile par les femmes, estimant que c'est une atteinte à leur dignité et un signe d'asservissement. À la fin de son mandat, l'homme politique français se découvrit de nouveaux talents, notamment celui de banquier « téméraire » sur le continent africain. Convaincu que « l'homme africain n'est pas assez entré dans l'histoire[76] », pour reprendre ses mots, il était venu sur le continent administrer des cours de bancarisation, pour certainement traiter sa phobie du voile. Un rappel historique, de peu d'importance, au demeurant. Mais qui sert, toutefois, à contextualiser ce qui va venir.

Dans le Wiponzo, une institution bancaire bien singulière s'est revêtue d'un masque noir au point de courroucer ses consœurs couvertes du voile intégral. Le Directeur Général qui venait d'être nommé rapportait ainsi le constat de ses oracles qu'il avait amenés dans la banque pour faire le tour du propriétaire. Leur constat fut sans appel : le lieu est hanté. Les mauvais esprits y avaient élu domicile en recouvrant les lieux d'un épais

---

[76] https://www.lemonde.fr/afrique/article/2007/11/09/le-discours-de-dakar_976786_3212.html

voile noir. Arrivé au niveau de son bureau, pourtant fermé à double tour, le dirigeant rapportait avoir été reçu par un étrange « comité d'accueil » à l'hostilité affichée. Il avait dû vite rebrousser chemin, le temps que les oracles désenvoutent les lieux, à coup de puissantes formules incantatoires et de généreuses offrandes propitiatoires.

Après ces avertissements sans frais, l'infortuné DG racontera que sa vie ne fut guère une sinécure. Pendant plusieurs mois, ses nuits étaient cauchemardesques. Selon ses dires, des petits bouts de créatures aux formes étranges, probablement des extraterrestres, sortaient fréquemment sous le lit, pour entretenir ses rêves (plutôt ses cauchemars) jusqu'au petit matin. À mesure que le temps passa, son esprit cartésien s'éloigna et son attachement à la physique quantique se détacha. Ses escapades (plus que) fréquentes de parigot à admirer les monuments historiques et les ruelles rustiques de la capitale française étaient devenues un lointain souvenir.

Il était persuadé qu'il était la cible d'attaques mystiques, complexes et diverses. Et pour ne rien arranger dans ses affaires, sa situation professionnelle se dégrada. Son moral était au talon. Il ressentit une perte de confiance et sombra progressivement dans la méfiance et même dans la défiance. Un jour, il entreprit de vérifier à l'œil la ceinture de tous les collaborateurs qui le visitaient. Aux dires d'un de ses auspices, son prétendu jeteur de sort porterait toujours la même ceinture au pantalon, dans laquelle il dissimulerait un redoutable talisman.

Un autre jour, c'était le tour des mains. Son oracle lui confia avoir déjoué une tentative maléfique d'un puissant géomancien qui voulait le « mettre » dans une cage afin de le manipuler. À ses dires, son bourreau aurait eu la main brûlée pendant cet exercice satanique. Plusieurs jours de recherches infructueuses, aucun brûlé en vue, aucune main dissimulée dans un gant. Il faut dire que le DG était vraiment traumatisé et commençait à verser dans la paranoïa. Il voyait le danger partout et pour tout.

Cette histoire est l'illustration idéale de la citation de Boileau : « Il est certains esprits dont les sombres pensées sont d'un nuage épais toujours embarrassées ; le jour de la raison ne le saurait percer. »

Vraiment, pour diriger une banque en Afrique, il faut être coriace. Bien souvent, l'essentiel de votre temps est consacré à tout autre chose que votre job (gérer la banque). Plutôt que de se focaliser sur cette charge de travail suffisamment pesante, de nombreux dirigeants passent leur temps à chercher à démasquer leurs supposés « envouteurs » et à débusquer les prétendus « envoutements ». Ils en sortent rarement indemnes. Peu importe le niveau des émoluments reçus et des avantages perçus, si convoités et si jalousés, au-dedans comme au-dehors, c'est un poste (presque) sous-payé, tellement la charge (professionnelle, politique, sociale, psychologique, familiale, personnelle et… mystique) de dirigeant de banque est parfois pesante, risquée et même quelques fois dangereuse. Et ce n'est point la Banque des banques qui dira le contraire[77].

Histoire n° 11 : Un bronzage express

Le Wiponzo n'a pas fini de surprendre avec ses mystères. Tel est pris qui croyait prendre ! Un expatrié, originaire de l'ouest du Vieux continent, au pedigree aussi lourd que le duvet du colibri d'Elena, s'adonna à un « bronzage express », grâce à des bains biquotidiens à base de plantes et de mixtures. Ses collaborateurs locaux lui avaient promis leur soutien pour l'obtention du poste de directeur général de la banque, laissé vacant par l'un de ses compatriotes. Pour ce faire, ils lui avaient fortement recommandé des rituels mystiques en lui fournissant les ingrédients nécessaires et leur mode d'emploi.

Peu de temps après, proprement remercié (au sens propre comme au sens figuré), il perdit et son poste et l'objet de sa convoitise. À son grand

---

[77] Communiqué de la BCEAO du 6 novembre 2023, https://www.bceao.int/fr/communique-presse/communique-de-la-bceao-du-6-novembre-2023

désarroi, il découvrit l'énorme supercherie de sa clique et fut contraint de retourner auprès des siens avec une « desquamation express », en souvenir d'un séjour mémorable en Afrique.

Morale de l'histoire : Certains ont l'ambition immodérée, à tel point que « si on leur donne à téter, ils boivent le lait puis dévorent le sein ».

Histoire n° 12 : Le canapé managérial

On prête à un ancien président africain une boutade presque tautologique : « Il n'y a pas de canapé présidentiel, il y a un fauteuil présidentiel ». Dans le monde de la finance, cette formule est quelquefois mise à rude épreuve. Les patrons de banque ont souvent utilisé le canapé, tantôt pour diriger, tantôt pour faire diriger, tantôt pour être dirigé… Tenez ! Un dirigeant de banque, au parcours atypique, avait des idées bien arrêtées. Dès son arrivée, il a opté pour la banquette bancale du salon plutôt que le confortable fauteuil « ministériel » de son bureau. Méfiance ou défiance ? Quoi qu'il en soit, la confiance n'était pas au rendez-vous. C'est vrai, la situation de la banque était difficile, les conflits de personnes si intenses, le climat social si tendu, ce qui rendait presque impossible de maintenir un tantinet de sérénité et de lucidité. D'ailleurs, le dirigeant de banque confiera plus tard une saillie qui sera culte : « La banque est le carrefour de toutes les tentations ». Il n'a pas su mieux dire. Tant les appétences, les contrevents, les chausse-trapes et autres entourloupes sont légion dans le milieu du commerce de l'argent. À chacun son marchepied, son chausse-pied, son essuie-pieds et … son casse-pieds. À défaut d'illuminer par son savoir pour s'imposer, on fulminait par son pouvoir pour se poser. Et tout y passait, du détenteur de pouvoirs mystiques aux effeuilleuses de charme en passant par les « fils et filles à papa et maman » largement bichonnés aux frais de la princesse.

Durant sa présence (tout un septennat) au gouvernail de la banque, pas une seule fois, pas une seule rare fois, le directeur général ne s'y est assis sur le fauteuil derrière son bureau. Son assistante et ses proches collaborateurs se relayaient sur le canapé, qui pour être reçu, qui pour y déposer les dossiers. Visiblement, l'hôte avait pris la place du visiteur !

Les paroliers songhoy disent : « Quand celui qui doit tresser la tête a vocation de raser malheur à la tête. »

Histoire n° 13 : Le toit de la toilette

On connaît la bonne formule de grand-père : « Regardez bien là où vous posez les pieds ! » Mais comment s'y conformer, papi, si on doit aussi garder les quinquets bien figés sur l'Olympe. A priori, c'est un peu compliqué… Mais pas tant que ça, la suite vous édifiera.

Elle se passe à la fin des années 90 dans les toilettes privatives, aussi spacieuses que suspicieuses, d'une banque du Wiponzo. De retour d'un long voyage épuisant, le maître de céans a voulu se rafraîchir le visage avant de débuter ses audiences. Quoi de plus normal et de naturel ! Surtout, qu'un client patientait déjà au salon. Il ne sera finalement pas reçu. La volonté du dirigeant n'y était pour rien. Un évènement inattendu avait eu lieu dans les toilettes, ce qui allait bouleverser l'agenda du DG, non pas de la journée, mais de plusieurs mois.

Dans les toilettes, le DG se gargarisait tranquillement la bouche. Soudain, selon ses dires, comme emporté par une force irrésistible, il fut littéralement aspiré par le toit de la toilette avant d'être propulsé au sol. Aucun vertige ! Point de glissade ! Les hurlements du DG, grièvement blessé, alertèrent ses collaborateurs qui lui portèrent rapidement secours.

Est-ce que le DG a été victime d'un accident de travail ou d'un sort maléfique ? Mystère ! Toujours est-il qu'au bout de longs mois de soins, il s'en sortit, miraculeusement mais douloureusement, avec plusieurs fractures et quelques sutures.

Histoire n° 14 : Une épicerie très épicée

Un lieu envouté en cache toujours un autre plus envoutant. La scène se déroule au début des années 2000 au grand marché bruyant du Wiponzo. Le président directeur général (PDG) d'une banque, un quarantenaire bien en jambe, s'y est rendu pour faire ses courses. Il s'était rappelé une promesse qu'il avait faite à un ami, celle de lui acheter un grand téléviseur. Dans le milieu, il susurre que l'homme est possédé par sa parole et qu'il honore toujours son engagement. Le décor est planté. Sauf que l'envers du décor reste encore un mystère.

D'un pas ferme et pressant, le PDG rentre dans une grande épicerie qu'il a l'habitude de fréquenter. On y trouve de tout, ou presque. Un vrai bazar. Il fait rapidement le tour du magasin et repère d'un coup d'œil, au rayon « audiovisuel », l'objet recherché. « Ça va faire l'affaire ! » s'est-il dit. Le prix est vite discuté et convenu. Alors que le vendeur s'efforçait de sortir un article neuf de son emballage et de le tester, le PDG profitait de ce moment pour faire le tour des étalages (juste histoire de s'occuper).

Le commerçant, affairé à ses affaires, n'avait pas remarqué l'absence de son client. Quelques instants plus tard, un énorme bruit résonna dans l'épicerie. Le PDG venait de faire une chute brutale dans la cave du magasin. Il avait malencontreusement marché sur un faux plancher qui lâcha. Alerté par les cris stridents de son client, l'épicier organisa rapidement les secours. Quelques mètres plus bas, le PDG gisait, inconscient. Il fut transporté aux urgences. Les premiers examens indiquèrent plusieurs fractures sur différentes parties du corps. Plus tard, dans une clinique à la pointe de la technologie, des recherches plus approfondies furent réalisées. Et un protocole de soins est vite mis en place pour prendre en charge le patient. Quelques semaines de soins intensifs suivis d'un repos forcé, et voilà le PDG déjà sur pied.

Il prit la décision de reprendre le travail sans même solliciter l'autorisation des toubibs. Ses collaborateurs étaient surpris de le voir revenir de sitôt au bureau, avec les séquelles de ce malheureux accident dont l'issue aurait pu être dramatique. Heureusement, pour reprendre une expression courante, il était sur le chemin du bien.

Et le bien ne se paye que par le bien, nous enseignent les Écritures saintes.

Histoire n° 15 : La cour !

Rassurez-vous, vous n'êtes pas dans une salle d'audience solennelle. Mais bien dans les étages supérieurs du monde de la finance. Restez, confortablement, assis à vos places et attachez, fermement, la ceinture autour de la tête. Les turbulences risquent de vous ébranler de la tête aux pieds.

Dans les abysses du Wiponzo, le requin gobelin a été intronisé « Directeur Général ». Aux premières heures de sa prise de fonction, il décida de faire une revue des troupes. Une liste de collaborateurs à interviewer est dressée.

Arrive le tour du requin-pèlerin. Drapé d'une belle vêture de couleur verte, affichant un air confiant et serein semblable à celui du « neveu de la vendeuse des galettes », pour emprunter à une formule du terroir, il fut introduit dans le bureau du DG. Après un salamalec froid et sec, le monarque ne s'est pas encombré des règles de bienséance pour mettre les « pattes » dans le plat. La mine serrée, il débita : *« Vous n'avez pas bonne presse dans cette banque. Tous les collaborateurs que j'ai reçus jusque-là ne disent que du mal de vous. Apparemment, vous ne vous entendez avec personne ici. Et cela ne date pas de maintenant. Il faut que vous changiez, sinon ça ne marchera pas avec moi ! » « Alors qu'en dites-vous ? »*, s'exclama-t-il. Embarqué dans un tourbillon d'émotions, le requin-pèlerin bafouilla : *« Je n'ai rien à y ajouter, sauf qu'il aurait été plus équitable et juste qu'ils le disent en face de moi. »*

L'air terrifiant, le requin gobelin enchaîna : *« Quel poste occupez-vous ? » « Je suis votre Conseiller »*, lui répondit le cétacé. Le DG retorqua : *« Moi, je n'ai pas encore nommé de conseiller… »*. Quelque peu médusé par la tournure de l'entretien, le requin-pèlerin précisa : *« Excusez-moi, je suis le Conseiller du Directeur Général »*. Et le requin gobelin d'ajouter : *« Ça, c'est un poste où l'on met un cadre sans savoir ce que l'on va faire de lui. Nulle part, au sein de notre Groupe, ce poste n'existe. Mon prédécesseur, en essayant de caser tout le monde, n'a laissé que des problèmes... »*

Au moment de se séparer, le requin gobelin plante, une dernière fois, son regard dans celui du requin-pèlerin : *« Je vais vous proposer très prochainement un vrai poste où vous allez devoir travailler. En attendant, corrigez votre relationnel ! Je vous reverrai sous peu pour faire le point. »*

L'entretien se termina comme il eût commencé, dans une ambiance glaciale. Plus tard, pris de remords et ayant appris par lui-même la vérité, le requin gobelin essaya, maintes fois, de se rattraper. En vain ! « L'eau versée ne peut pas se ramasser », rappelle un dicton local. Celui qu'il surnommera plus tard « le sage » avait déjà pris une décision personnelle et irréversible. Quoi qu'il en coûte ! Excédé, il s'isola un moment pour plus de sérénade. Puis, il se résigna, "bon pied bon œil", à prendre le large sans demander son reste. La conscience en paix, il leur laissa le « foin » en y ôtant la lettre « n » (qui signifie « nenni ») pour rester avec sa foi.

Que faut-il retenir en définitive de ce départ si attendu et finalement si inattendu du squale ? Pas grand-chose, sauf à espérer ne pas donner raison au défunt Premier ministre belge Paul Vanden Boeynants qui charriait ses adversaires politiques en ces termes : « Quand les dégoûtés seront tous partis, il ne restera plus que les dégoûtants. »

La morale de l'histoire : L'avenir d'un conseiller, c'est qu'il n'en a pas ! Mais, tout de même, un conseiller n'est pas une passoire. Qu'il est présomptueux de juger quelqu'un sans l'avoir jamais rencontré, simplement en se basant sur des on-dit, des rumeurs, des racontars et des paroles fielleuses.

Le poète Khalil Gibran avait l'habitude de dire : « Tu peux écraser une fleur sous tes pieds. Mais jamais tu ne pourras lui dérober son parfum. »

Histoire n° 16 : Le marché des dupes, des entourloupes et des taupes

En cette fin de période estivale du milieu des années 80, alors que le soleil commençait à décliner à la recherche de son refuge, une nouvelle inattendue retentit.

Une jeune otarie fraîchement promue, beurrée et apeurée, lança soudainement un cri strident qui déchira la quiétude vespérale avec une résonnance sur toutes les berges. Son bêlement ameuta sa comparse, un vieux phoque préoccupé à entretenir ses blanchons. En godillant, le pinnipède alla chercher gîte et couvert auprès du renard. *Otocyon megalotis*, féru de ses vibrisses drues, entretint sa pilosité.

« Oto ! Il y a un grand danger. N'as-tu pas entendu l'appel au secours de Dame otarie ? », grogna le phoque.

« Comment peux-tu en douter ? », retorqua le renard.

« Que sais-je, rechérit le phocidé visiblement irrité par la remarque de Oto, les renardeaux ne sont-ils pas aveugles et sourds à leur naissance ? Cessons de discuter pour si peu, il y a mieux à faire ! »

Ensemble, par reptation et par bonds, ils parvinrent tant bien que mal à retrouver la lionne de mer, terrée entre les grèves de galets et les rochers.

« Pourquoi tu rugis ? » s'exclamèrent le phocidé et le canidé. Pour tout mot, l'otarie juvénile, en état de choc manifeste, indexa l'horizon. De loin, la coterie aperçut les contours imprécis d'un requin-pèlerin, la tête hors de l'eau quelque peu masquée par la brume, mais assez visible pour distinguer dans sa grande gueule une sublime grosse couronne en… or.

Pour un prédateur connu pour être édenté, ce fut vraiment une découverte surprenante.

Le groupe de mammifères décida de ne pas s'en approcher davantage. Sans tarder, ils prennent leurs antérieurs et leurs postérieurs à leur cou pour annoncer la mauvaise nouvelle au reste de la meute.

En cours de route, ils rencontrèrent les orques bagagistes affairées à scruter la direction du vent pour sonder l'avenir du présent afin de préserver le passé du futur. Il est important de noter que pour survivre aux nombreuses guéguerres de la nature, les trois mammifères adoptèrent des comportements extrêmement grégaires. Ils s'invitent aux fêtes et évitent les tempêtes. Dans leur course effrénée pour la première place du podium, ils perdirent l'un des leurs qui avait déclaré forfait. En rivalité simulée avant d'être en désaccord dissimulé, les deux rescapés ont pris leurs quartiers dans les monts des démons pour fortifier leur « blindage ». Clémenceau avait vu juste quand il affirmait : « Pour diriger, il faut un nombre impair, et trois c'est déjà trop ».

Les épaulards, avec leurs talismans soigneusement dissimulés dans les ailerons, sont réputés dans leur riveraineté pour leur supposé don d'ubiquité. Pourtant, avec des belles vêtures et les parures assorties, ces cétacés s'adonnent à une vie de plaisir et de confort. En public, ils affichent leur concorde et se défendent de toute forme de discorde. Soit ! Mais, comment l'union de deux manches courtes peut-elle devenir une manche longue ? Poursuivons !

La mauvaise nouvelle parvint au grizzli, *Ursus arctos horribilis*. D'une nonchalance très touchante et attachante, ce colosse attaque rarement mais ne tolère point qu'on s'aventure dans son garde-manger. Les scientifiques s'accordent à dire qu'une seule de ses morsures exerce une pression assez puissante pour broyer une boule de bowling. Pourtant, l'ursidé reste très attaché aux consignes de son maître. À l'époque, en haut lieu de dévotion, il n'a pu retenir son émotion pour renouveler sa motion à son mentor. À l'évidence, ses oraisons furent de peu d'utilité à l'intrépide félidé qui fut congédié *ad nutum*.

« *Gouti ! Le requin édenté a poussé une grosse dent en or* », bafouilla l'otarie encore tétanisée par sa trouvaille. Ce que le grizzly souhaitait éviter par-dessus tout est au seuil de sa tanière. Pour toute réponse, il décida de s'effacer le temps que l'orage s'estompe. Peine perdue ! Ce n'est pas en cassant le thermomètre qu'on fait baisser la température.

Le groupe de mammifères, surpris par la réaction de Gouti, décida de poursuivre leur chemin. Arrivés à la conciergerie du temple, les mammifères trouvèrent la girafe, l'hippopotame et le scorpion qui paradaient. Après le récit coloré des visiteurs du jour, chacun des hôtes prit la parole.

L'hippopotame concéda que bien qu'il soit un animal amphibie, à l'aise autant sur terre ferme que dans l'eau douce, il ne put se mouvoir dans les eaux saumâtres. De loin le plus dangereux des herbivores, ce géant aquatique est réputé pour son intransigeance dans la défense de son espace de vie. Attaquer frontalement le requin-pèlerin ne lui semble pas une bonne idée.

Dard en avant, le scorpion avoua son incapacité à se hasarder dans l'eau pour aller combattre l'intriguant visiteur. Sinon, il y a de cela des millions d'années, il fut un excellent nageur capable de parcourir les fonds des mers et des océans. Il promit de mettre à la disposition du groupe son terrible venin qui est, exceptionnellement, cytotoxique, neurotoxique, hémotoxique et myotoxique. En un mot, un puissant cocktail de toxines.

Enfin, la girafe fluette, le cou en avant et marchant l'amble, confia aussi qu'elle ne put se mouvoir en milieu aquatique. Cet animal exceptionnel dispose d'un appareil digestif hors du commun avec quatre estomacs pour ingérer ses multiples activités diverses et variées. Elle passe à peu près le tiers de son temps à ruminer. Ayant le sommeil léger (moins de deux heures par jour), et dotée d'une excellente vue et d'une audition remarquable, elle proposa au groupe d'assurer à elle seule la surveillance des lieux.

Avec cette avalanche de handicaps, le trio de feu aurait pu bien glacer les ardeurs des frondeurs, n'eût-été la détermination de ceux-ci. Pour ne pas demeurer en reste, ils décidèrent tous de faire chemin ensemble. Et, la décision fut prise de s'en référer au sultan, le prothésiste.

Dans un assourdissant concert de mugissement, de rugissement, de grognement et de jappement, la meute arriva au cabinet du sultan, le prothésiste dentaire. Elle a fait part de son angoisse tandis que le sultan a très vite exulté.

« *Sir ! Sir ! Sir !* », s'écrièrent à l'unisson les mammifères en rangs serrés.

« *Quel est cet attroupement en mon logis ! Ne vous ai-je pas suffisamment intimé à plus d'ordre et de discipline !* », s'ulcère le sultan à la vue de la bande ameutée.

« *Sir ! Qu'il vous plaise de nous excuser pour une si grande insistance. L'heure est grave !* », trompeta Oto à la tête du cortège.

« *Maître renard, que fait Dame otarie dans vos bras ? Est-elle veule ou bégueule ?* » demande le sultan, un brin contrarié.

« *Sir, elle présente un trouble obsessionnel compulsif. Dans notre jargon, ça s'appelle le TOC.* »

« *Oto, avez-vous changé de métier à mon insu ? Etes-vous maintenant un médecin ? Allez-y à l'essentiel avant que je ne vous congédie pour de bon !* », fulmina le sultan.

« *Sir ! Le requin édenté a une dent et elle est… en or massif !* », bafouilla le félin dans un langage abscons.

« *Ne dites pas un mot de plus*, répliqua le maître de céans, très enfermé dans ses certitudes. *Je suis parfaitement au courant. C'est pour si peu d'inquiétude que vous troublez ma quiétude ?* »

« *Sir, nous implorons votre mansuétude pour nos platitudes !* », répéta à la cantonade la bande.

« *Alors, écoutez-moi bien maintenant. Et je ne me répèterai pas. Vous vous êtes toujours trompé au sujet du Cetorhinus maximus. A l'origine, le requin-pèlerin n'est pas édenté. Sa mâchoire est garnie de plus de 3 000 petites dents qui ne lui servent qu'à ingurgiter le plancton. Pour éviter tout risque de morsure létale, des émérites odontologistes et moi-même avions décidé de lui arracher toute sa denture et lui avions posé une seule prothèse. Une sorte de grosse promotion factice, de quoi donner à ce planctonivore toute une vie pour écumer et filtrer les fonds marins à la recherche de sa* pitance. *Rassurez-vous, tout est sous contrôle !* » Le sultan a beau les expliquer en long, en large, en haut, en bas, à l'horizontale, à la verticale, cela n'a point rassuré ses interlocuteurs.

« *Sir ! Qu'il vous plaise de pardonner notre insistance. Etes-vous sûr qu'avec cette seule dent, il ne nous mordra pas ?* », glapit le renard tout en sueur.

« *Votre imagination relève de la cryptozoologie. Ne vous fiez pas à son titre de super-prédateur. Ce n'est pas un monstre marin. Il ne peut plus peser sur aucune activité critique dans la banque. Certes, le requin-pèlerin est le deuxième plus grand poisson au monde par la taille, mais il est solitaire et totalement velléitaire. Et puis c'est un animal pélagique qui ne peut s'aventurer à la surface de l'eau, a fortiori sur la terre ferme. Franchement, mes chers amis, arrêtez vos fadaises !* »

« *Sir ! Pourtant sa grosse dent brille de mille feux ! Même un journal de renom en a fait sa manchette* », jappe encore le félin soutenu par une bande de félons.

« *Diantre ! Que vous arrive-t-il enfin ? Remettez-vous ! Sa couronne prothétique n'est ni en argent, ni en vermeille, encore moins en or. Elle est factice. C'est la lueur des rayons solaires qui lui donne cet aspect de fausse brillance. Pour la presse, point d'inquiétude ! Que voulez-vous que je vous dise de plus ? Écoutez et surtout vous le gardez pour vous, le requin a été marqué par plusieurs balises qui nous permettent de suivre le moindre de ses faits et gestes. De son plein gré ou sous la contrainte, il quittera les lieux* », répond candidement le sultan.

« Maintenant, retournez à vos occupations ! Je vous ai suffisamment entretenu. Vous avez mieux à faire qu'à dire. Et moi aussi, j'en ai assez d'écouter vos balourdises et couardises. Comment un requin qui n'a pas pu dompter ses requineaux peut-il vaincre des centaines d'entre vous, plus véloces et féroces ? Soyez plus courageux que ça ! »

Le sultan prothésiste, habitué au maniement rêche et revêche des mots, pensait s'en tirer à si bon compte. Son plan savamment ourdi contre le squale depuis de longs mois était presque parfait. Sauf à quelques détails près. Comme quoi il n'a jamais de crime parfait.

Le prothésiste n'a pas appris dans ses études d'odontostomatologie que la denture du requin-pèlerin était singulière. C'est l'un des rares animaux au monde dont les dents se renouvellent automatiquement quand elles se cassent ou tombent. Mieux, Dame nature lui a doté des centaines de dents en réserves dissimulées sous le palais. De même, si le requin-pèlerin habite dans le fond des océans, généralement à plus de 2 000 mètres de profondeur, il aime aussi se trémousser à la surface des eaux côtières et même s'aventurer près des terres.

La deuxième erreur du prothésiste tenait plus à de l'impudence qu'à de l'imprudence. À ce niveau de responsabilité, il ne pouvait ignorer cette formule de bon sens : tout ce qu'un esprit humain peut concevoir, un autre est capable de le comprendre. Autrement dit, tout ce qu'une personne peut faire, d'extraordinaire ou d'exceptionnel, une autre plus docte est capable de le défaire, de le refaire et même de le parfaire.

Histoire n° 17 : Le cleptomane

Il y a des histoires émouvantes qui vous ébranlent, au point de mettre en branle vos certitudes. Celle-ci en fait partie. L'affaire remonte à plus d'une vingtaine d'années.

Un médecin connu et reconnu par ses pairs pour sa compétence officiait dans un hôpital de référence du Wiponzo. Ses moments d'absence, si rares soient-ils, faisaient de la peine à ses patients qui venaient « prendre le rang », dès l'aube, afin de se faire consulter. À l'origine, c'était un infirmier qui, à force de persévérance et de vaillance, a pu se former pour être médecin. Ce surdoué de sa génération était aimable et affable. Au point que même des professeurs agrégés n'hésitaient pas à recourir à ses services et à solliciter son avis technique. Ses journées commençaient très tôt et finissaient très tard. Il était toujours disponible et bienveillant. Un seul regard… un petit toucher… et son diagnostic était posé, que confirmaient (presque) toujours les analyses biologiques et les imageries médicales. Ses patients disaient de lui qu'il avait un « doigt en or ».

Dans la vie, chaque être humain a son péché mignon. Celui de ce médecin était une pathologie. Elle a un nom : la cleptomanie. Elle est répertoriée par les scientifiques sous l'acronyme savant « DSM-V[78] », la catégorie des troubles disruptifs du contrôle des impulsions et des conduites. Selon les spécialistes, elle se caractérise par une tendance irrépressible à voler des objets qui n'ont pas réellement d'utilité personnelle[79]. En français facile, une personne atteinte de kleptomanie a une conduite de vol répétitive et addictive d'objets, et ceci en l'absence de motif économique ou de besoin réel pour ces objets.

À la suite de cette clarification sémantique, revenons à l'histoire du moment. Un matin de bonne heure, notre médecin fut parmi l'un des premiers clients à franchir le portail du siège d'une banque du Wiponzo. Comme guidé par une voix invisible, il arpenta les marches de l'escalier et se retrouva rapidement au second étage. À cette heure, la plupart des « Boss » ne sont pas encore à leurs postes. Seuls les stagiaires s'affairaient à s'occuper des lieux. Parmi lesquels, une jeune dame, très assidue et ponctuelle, avait laissé traîner son téléphone portable sur la table d'un bureau. Au premier coup d'œil, le cleptomane qui passait par là repéra l'objet et le déroba. Après son coup, il dévala les pas de l'escalier pour se

---
[78] Dans le manuel de référence en psychiatrie, DSM est un acronyme anglais qui signifie "Diagnostic and Statistical Manual of Mental Disorders" (en français "Manuel diagnostique et statistique des troubles mentaux")
[79] https://sante.lefigaro.fr/psychologie/qu-est-ce-que-la-kleptomanie-20230321

retrouver dans l'embrasure de l'entrée du bâtiment, à ne savoir que faire et même où aller. Attitude louche ! Pendant ce moment de flottement, la stagiaire qui avait remarqué l'absence de son téléphone avait donné l'alerte. Elle avait entretemps croisé le médecin dans le couloir. Les agents de sécurité appréhendèrent ce dernier et l'invitèrent à les suivre dans leur loge, à l'abri des regards indiscrets. Sans résistance, l'air affalé, presque soulagé, il sortit de sa poche un vieux téléphone qui, en réalité, ne valait pas un bimbelot. La victime reconnut son bien. Aux premières questions, le putatif voleur se présenta volontiers en déclinant son identité et sa profession. Il dit être médecin de son état et brandit un papier qui attestait de son état de santé et sur lequel figurait un numéro d'urgence à appeler en cas de besoin. Au bout du fil, une voix féminine répondait. C'était sa fille. « Qu'est-ce qui est arrivé à mon père ??? » s'écria-t-elle d'une voix nouée par la peur et l'inquiétude. On l'informa que son père venait de faire une petite « crise » et qu'il était dans de bonnes mains. Peine perdue ! La jeune demoiselle accourut sitôt comme elle pouvait. Larmoyante certes, mais digne et brave, elle dévisagea son père, au regard fuyant, pour se rassurer de son état, puis le prit par la main. Elle n'avait qu'un mot à la bouche : Merci !

Morale de l'histoire : Prenons soin de ne jamais nous hâter de juger l'apparence des choses. Elle pourrait être trompeuse.

Histoire n° 18 : Ces chiens qui sauvent !

Il ne s'agit pas du titre d'une émission du monde animalier d'une chaîne de télévision étrangère bien connue. Mais nous sommes bien au cœur de l'activité bancaire.

Le chien est un compagnon fidèle, dit-on. Mais il est aussi un sauveur. Dans le Wiponzo, les journées de travail des banquiers sont longues et quelque peu éprouvantes. Un jour, en fin d'après-midi, un « gros client » appelle son agence bancaire pour venir collecter ses recettes du jour. Pas question qu'elles passent la nuit chez lui. Sécurité oblige ! Avec la rude concurrence qui sévit dans le marché bancaire, malgré l'heure tardive, le directeur d'agence met tout de suite en place une équipe de ramassage de fonds composée d'un caissier, de lui-même et d'un garde armé. La mission se passe correctement. Au retour de l'équipe, les fonds collectés sont mis en sécurité dans la salle forte de l'agence.

Pas pour longtemps ! Le garde, qui n'a pas manqué une miette de toute l'opération, se leva brusquement de son poste et… alla braquer les deux agents de banque encore au bureau. Ces derniers ont tout de suite pensé à une mauvaise blague. Ils ne furent ramenés à la dure réalité que par les tirs de sommation du garde. C'est bien un braquage. Le garde les intima fermement d'aller ouvrir la salle forte pour lui remettre les « sous » qu'ils venaient d'y déposer. Les deux agents s'exécutèrent immédiatement, pensant ainsi s'en tirer de bons comptes. Que ne fut leur surprise lorsque le garde leur demanda de rester dans le caveau, une salle sans aération ni issue de secours. Et pour cause ! Il la ferma hermétiquement et se barra avec les fonds. Nos deux infortunés agents plongés dans l'obscurité totale dans cette pièce hermétiquement fermée tapèrent des deux mains et des deux pieds en criant à l'aide.

À cette heure de la journée, il y avait peu de chances que leur appel de détresse soit entendu. Sauf qu'un chien qui rodait dans l'arrière-cour avait bien entendu. À son tour, le canidé aboya si fortement que son propriétaire le suivit pour s'enquérir de son comportement inhabituel. Et c'est ainsi que les deux agents furent miraculeusement sauvés. L'alerte est donnée au siège de la banque. Mais le garde avait déjà une longueur d'avance. Il disparut dans la nature, laissant à la postérité sa famille, son emploi et… ses tenues et ses godillots.

Dans ses *Pensées sur l'homme, le monde et les mœurs*, l'écrivain Joseph Sanial-Dubay disait : « La prudence ne prévient pas tous les malheurs ; mais le défaut de prudence ne manque jamais de les attirer. »

Histoire n° 19 : Vous avez dit VIP ? Vous voilà servis !

Dans le Wiponzo, les banques francophones ont tourné et retourné l'acronyme anglais « VIP » dans tous les sens et à toutes les sauces : client VIP, salle VIP, cadeau VIP, caisse VIP, agence VIP, place VIP, etc.

À défaut de disposer d'une véritable « Private Banking » (en français « banque privée »), les organismes de prêt s'organisent pour fournir un service sur mesure à leurs « clients importants ». Entendez par là, leurs « gros clients », les clients dits institutionnels, les hauts responsables, les grandes fortunes, etc. Et ils ne manquent pas d'imagination. Certains créent carrément une agence spécifique, d'autres préfèrent consacrer une caisse spéciale à ce type d'activités.

C'est ainsi qu'une banque ayant opté pour ce schéma porta son dévolu sur un jeune caissier rompu à la tâche et d'une correction exemplaire. Au fil des mois, celui-ci remarqua que la confiance de la hiérarchie envers lui était totale, au point qu'il n'était presque plus sous contrôle. L'occasion faisant le larron, notre brave caissier concocta un plan bien ficelé. Le jour de son forfait, il approvisionna suffisamment sa caisse auxiliaire auprès de la caisse centrale. Tranquillement, il prit sa caissette, referma la porte de son bureau et disparut dans la nature, derrière… une moto. Il semble que sur le chemin de sa fuite, il croisa des collègues en voiture qui, ne se doutant de rien, lui adressèrent un salut chaleureux et amical. C'était tout simplement un vol VIP !

Morale de l'histoire : Cette histoire rocambolesque confirme la pertinence du vieil adage qui veut que la confiance ne puisse jamais exclure le contrôle.

Histoire n° 20 : Des berges rocailleuses aux bureaux feutrés

Décidément, tous les chemins mènent à… la banque. Selon certaines croyances, chaque individu est constamment entouré de deux anges, des scribes qui enregistrent ses actions bonnes et mauvaises. Une autre idée voudrait aussi que chaque personne ait son esprit de compagnie, son diable (« djinn »), malfaisant ou bienfaisant. Le domaine financier, carrefour de toutes les tentations, pourrait être le ferment idéal de cette forme de pensée.

Il y a quelques millions d'années, alors que le Sahara actuel, considéré comme le désert le plus chaud du monde, était une vaste mer qui couvrait l'Europe et l'Asie, une étrange scène s'y déroula. Dans les fonds pélagiques, les réunions étaient tellement fréquentes au point qu'il ne sera pas exagéré de parler de réunionite. La réunion matinale, la plus importante d'entre toutes, rassemblait toutes les têtes couronnées de la haute mer. Elle était présidée par le monarque.

Et c'est justement à la fin d'une de ces séances, au moment où les participants commencèrent à se disperser pour regagner leurs bureaux, que le requin-pèlerin fut interpellé par une orque bagagiste.

« Reste assis, j'ai besoin de toi », dit l'épaulard d'un ton injonctif. Le requin, éreinté par les brusqueries de son interlocuteur, tenta de se dérober par une pirouette : *« Excusez-moi, je ne peux pas rester ; j'ai des urgences qui m'attendent au bureau »*. En vain ! *« Assis toi seulement quelques minutes »*, tenta de convaincre le cétacé plus conciliant. Les autres collègues qui n'avaient pas encore quitté la salle furent invités par le requin à y rester. Le chabot-buffle ainsi qu'un autre cétacé acquiescèrent.

Sans se démonter, l'épaulard engagea l'échange : *« Tu sais pourquoi toi et moi on ne s'entend pas ? »* Face aux yeux ébaubis de l'assistance, elle enchaina en répondant elle-même à sa propre interrogation : *« C'est parce que nos farfadets n'arrivent pas à s'entendre. Au regard de cette situation conflictuelle permanente, il y a eu un corps-à-corps entre nos deux djinns. Dans cette mêlée, le mien terrassa le tien… »*

Le chabot-buffle, connu pour son art du camouflage, tenta un camouflet : *« Qu'est-ce que vous dites là ? Oh là là, je suis dépassée. Ecoutez, moi, je me tire ! »* La seconde orque, stoïque, assista sans broncher à la scène. Et pour cause ! Elle est d'une autre gamme. Ce qui peut paraître un grand festin aux yeux de certains n'est qu'un encas pour d'autres.

Face à la tournure des échanges, le requin se retira pour de bon, non sans formuler une mise en garde : *« Ecoutez Dame orque, ça suffit ! Je ne reste pas une minute de plus dans la salle… Et si vous continuez avec de tels agissements, j'en informerai directement le monarque. »*

L'écrivain Yasmina Khadra a raison : « Le poisson rouge ne peut ramener la complexité des océans à la quiétude de son bocal. »

Histoire n° 21 : Un vampire pour le pire

La Nouvelle Orléans est connue et célèbre comme la capitale mondiale des vampires. Les « suceurs de sang » ont donné à cette ville américaine sa légende et son mythe. Cette fois-ci, vous n'êtes pas aux États-Unis, mais bien au Wiponzo. Respirez profondément ! Vous ne serez pas au bout de vos peines.

L'histoire est tellement surréaliste qu'elle sera très brève. Elle se déroule dans le bureau du Directeur Général d'une banque, au début des années 80 lors d'une réunion formelle. Remonté contre les nombreuses remarques et observations pertinentes d'un de ses collègues, un jeune cadre de 33 balais n'eut d'autres arguments pour répliquer que cette phrase terrifiante : « J'ai envie de boire ton sang ! »

Confucius a raison : « L'homme a quatre visages : ce qu'il est vraiment, ce qu'il croit être, ce qu'il montre aux autres, et ce que les autres perçoivent. »

Histoire n° 22 : Un drôle de papetier

Décidément, il se passe des choses bizarres au Wiponzo. Un jeune responsable d'agence avait l'habitude de commander régulièrement auprès des services internes de sa banque des rames de papier et des ciseaux. Au fil du temps, la fréquence et le volume de ses commandes devenaient disproportionnés par rapport au niveau des activités de son agence. Ainsi, cela a éveillé la curiosité et l'intérêt de ses collègues de l'Economat qui finirent par donner l'alerte. On était loin d'imaginer ce qui se tramait dans cette petite agence. On soupçonnait plutôt l'agent de revendre les articles en question pour se faire un peu d'argent de poche. Mais pourquoi les commandes sont toujours les mêmes ? Et puis, il y a bien des articles plus valeureux à l'économat et plus faciles à vendre. Non ?

Si l'alerte était perçue par certains comme de la mesquinerie et même comme de l'acharnement, les services du contrôle la prirent très au sérieux. Ils décidèrent de percer le mystère en mettant l'agence sous surveillance. Surtout que le responsable d'agence, à l'élégance raffinée et à la générosité affirmée, avait un train de vie dispendieux. Dans son fief, il se faisait même appeler le « Big Boss ».

Dans son bureau, pendant la journée de travail, il commence à découper des feuilles de papier à la taille des grosses coupures de billets de banque. Et dès qu'il en avait assez pour satisfaire ses besoins, il se rendait dans la salle forte. Il prenait des piles de billets et échangeait les bons billets contre des simples feuilles blanches, puis ils étaient soigneusement rattachés et remis dans le caveau. Voilà pour le mode opératoire. À présent, revenons à l'essentiel de l'histoire.

Un jour, à l'occasion d'un contrôle inopiné de la caisse de l'agence concernée, les inspecteurs ont découvert le pot aux roses : une pille de billets contenant plusieurs morceaux de feuilles de papier. Les investigations étendues au reste de l'encaisse avaient permis de déceler un important manquant de caisse.

À défaut de recouvrer les sous volatilisés, les contrôleurs se sont retrouvés avec un bon paquet de papier sous la main, de quoi certainement prendre des notes pendant un bon moment !

Histoire n° 23 : Le clandestin

L'Afrique est le berceau de vieilles civilisations, la terre de glorieux empires, le creuset de valeurs d'humanisme et d'universalisme. En remontant aussi loin dans l'Histoire, ce continent a toujours été au carrefour des mouvements de personnes, tantôt comme point de départ, tantôt comme terre d'accueil. Cette tradition migratoire et de brassage culturel s'est construite au fil des siècles. Des personnages célèbres se sont illustrés, comme l'empereur Aboubacar II, à qui certains attribuent la découverte de l'Amérique au début du XIVe siècle. Il y a encore Kankou Moussa qui, sur la route du pèlerinage à La Mecque en 1329, distribua tant d'or qu'il en fit chuter le cours en Égypte.

De tous les temps, et en tout temps, les migrants africains ont bravé tous les interdits, affronté tous les obstacles et relevé tous les défis pour arriver à « bonne destination ». Et cette destination n'a pas toujours été qu'économique, elle a été souvent spirituelle, éducative, culturelle, politique et touristique. Que ce soit à pied, à cheval, en pirogue ou à dos d'âne, ou – tout récemment – par les moyens modernes de locomotion et, hélas, très souvent, par des moyens d'infortune, l'Africain n'a jamais rechigné à affronter les risques les plus extrêmes pour réaliser son rêve, même dans des contextes de guerre, de contraintes climatiques et face à de contraignantes lois sur l'immigration. Pour la militante altermondialiste Aminata Dramane Traoré, nous n'avons pas affaire à des migrants, mais à des « quêteurs de passerelles[80] » munis d'« échelles ».

Voilà pour l'Histoire. Maintenant, place à l'histoire.

Un cadre d'une filiale bancaire du Wiponzo s'est retrouvé en situation de détachement au siège de son groupe. Le directeur général de la filiale était très remonté contre ce cadre, au point de gicler du sang à son contact. Pour lui, la présence du cadre était la source de tous ses malheurs et des difficultés de la banque. Il a rêvé de son départ au point d'être un fidèle fervent des prières de l'aube. Les dirigeants du Groupe ont finalement réalisé son vœu.

C'était la première fois que le cadre et le groupe financier faisaient face à une expérience du genre. L'apprentissage fut ardu et rude. Après avoir passé plusieurs mois sans salaire, sans contrat de travail, et sans un sou

---

[80] Arthur Devriendt, Les Maliens de Montreuil, des "quêteurs de passerelles", Mémoire de Master 1 de géographie, parcours « Pays émergents et en développement », université Paris 1 Panthéon-Sorbonne, année 2007/2008, www.memoireonline.com

pour payer les notes d'hôtel, l'infortuné cadre décida de s'adresser aux dirigeants du groupe. Après plusieurs semaines d'attente, il fut reçu par le responsable du business unit en présence de la chargée RH du service.

À peine, il débita quelques mots pour expliquer sa situation professionnelle, sociale et financière intenable que son interlocuteur l'interrompit en lui assenant cette phrase terrible : « Tu es un clandestin ici ! Et, par conséquent, tu n'as aucun droit pour le moment. »

Le mot était si fort, si choquant, si blessant et surtout si inattendu que la chargée RH était bouleversée au point de devenir rouge comme une pivoine. Comment un haut cadre d'un grand groupe financier qui se réclame de la diversité, en revendiquant à hue et à dia la multiculturalité, peut-il tenir un tel propos indigne de son statut et des valeurs prônées par son employeur ?

Un autre jour, après la régularisation de son contrat, le jeune cadre fut reçu, à sa demande, par le grand patron RH du groupe pour lui expliquer la grande disparité entre son salaire et celui des autres expatriés. Dans un français approximatif, entre deux taffes, il tenta une explication alambiquée : « Vous n'êtes pas en expatriation ici mais plutôt en détachement. Ceux qui sont affectés au Wiponzo sont considérés comme des expatriés, tandis que ceux qui viennent ici sont des détachés.

C'est la raison pour laquelle vous n'avez pas la même rémunération. Je ne sais pas si je me suis fait bien comprendre ? » « Sir, mais que si ! » semblait acquiescer son interlocuteur. Quelle absurdité !

Pour calmer un peu les ardeurs du jeune cadre « détaché », le boss revenait à la charge pour lui signifier que la Haute Direction, dans un ultime sursaut et, dans un élan de générosité sans précédent, a décidé de lui octroyer une (petite) prime dite de « représentation ». De représentation de quoi et de qui ?

Une décennie plus tard, lorsque le cadre cinquantenaire décida de quitter définitivement la banque, celui qui le qualifia vertement de « clandestin » tenta sans succès de laver sa conscience. En vain ! Le « clandestin » avait fait le choix de son destin. Et son choix était irréversible.

Morale de l'histoire : « On a beau être un excellent cavalier, on devrait s'abstenir de s'asseoir sur le museau de son cheval. »

Histoire n° 24 : Une vie pas si ordinaire !

Ce n'est pas du film sensationnel « Seul contre tous » que je vais vous entretenir. Ni son thriller français sorti en 1998, ni son polar américain lancé en 2015, tous deux ovationnés et primés à plusieurs reprises. Mais bien des évènements antérieurs à ces dates qui se sont déroulés au début des années 90 dans le secteur bancaire du Wiponzo.

Dans les entrailles de la jungle, il est connu que les animaux se livrent une lutte sans merci pour leur survie. Mais rarement un prédateur comme le requin-pèlerin aurait suscité autant de curiosité et d'hostilité, de peine et de haine. Sans mauvais jeu de mots, c'est un animal qui avait le don de provoquer l'animosité autour de lui et même dans son propre camp. Même ceux dont il a été à l'origine du recrutement et qu'il a délivrés de l'ignorance et de l'indifférence se sont rebellés contre lui. En termes d'ingratitude il faut reconnaître que l'on fait difficilement mieux. Pour emprunter une formule du terroir, on dirait qu'il se baignait dans l'urine du chat, s'aspergeait de la fragrance du bouc et s'enduisait le corps de la défection du lézard. Quelle désagréable senteur !

Pourtant, fervent croyant, il est persuadé que la solitude ne sied qu'au Créateur. Il a toujours refusé d'être et de rester seul. Ce sont les évènements et ses adversaires qui vont l'esseuler pour tenter de le museler. Pendant une trentaine d'années, contre vents et marées, le requin-pèlerin a vécu et survécu à toutes sortes de renards et de traquenards, d'attaques physiques et mystiques, individuelles et collectives. Heureusement, il s'en est toujours sorti indemne mais non sans peine. Ses cicatrices indélébiles en témoignent. D'ailleurs, un de ses collègues lui suggéra, ironiquement, de marcher en ondoyant, même muni d'un gilet « anti-missiles », afin d'éviter les attaques adverses, nombreuses et variées. La longévité exceptionnelle du squale dans la banque, malgré la forte hostilité dont il était l'objet, intrigua les nombreux DG qui croisèrent son chemin. Un de ceux-ci demanda, discrètement, à un de ses proches collaborateurs : « Pourquoi personne ne l'aime dans cette banque ? » Il recevra sa réponse à la fin du récit.

Les histoires folâtres concernant le requin-pèlerin sont si nombreuses qu'elles ne tiendraient pas dans un seul livre. Nous allons vous entretenir de quelques-unes d'entre elles.

Avant sa prise de fonction comme gardien du temple, il cristallisait autant le respect que l'ire de ses collègues. L'un de ses plus fervents pourfendeurs, connu pour ses accointances douteuses, décida d'en finir définitivement avec lui. Il ne va pas y aller par quatre chemins. Il se confia à un dévot familier des pratiques mystiques, pour le dire tièdement. Ensemble, ils décidèrent de sacrifier l'âme du requin aux mânes des océans. Après des incantations mystérieuses, l'opération maléfique commença. À la première tentative, le requin s'écroula brutalement sur la terre ferme puis se releva spontanément pour se remettre à l'eau. La deuxième tentative connut le même sort. L'occultiste interrompit brusquement l'exercice et se tourna vers ses interlocuteurs. « Si une troisième tentative échoue, il sera nécessaire de sacrifier l'un des nôtres. Souhaitez-vous vraiment poursuivre ? » Le groupe, conscient du danger encouru, ne franchit pas le Rubicon et abandonna le funeste projet.

Ignorant les nombreux obstacles qui se dressent sur son chemin, le squale continue à voguer quiètement dans les eaux profondes du Wiponzo. En vérité, il a fait une bonne lecture de *Dune* du romancier Frank Herbert qui disait : « Je ne connais pas la peur, car la peur tue l'esprit. La peur est la petite mort qui conduit à l'oblitération totale. J'affronterai ma peur. Je lui permettrai de passer sur moi, au travers de moi. Et lorsqu'elle sera passée, je tournerai mon œil intérieur sur son chemin. Et là où elle sera passée, il n'y aura plus rien. Rien que moi. »

Mieux, le requin-pèlerin, en bon croyant, est persuadé (le mot est faible) qu'aucune âme ne peut mourir que par la permission de son Créateur et que le délai préalablement fixé à chaque âme ne saurait être ni allongé ni raccourci.

Mais, somme toute, comment peut-on pousser l'adversité envers un collègue qui accomplit son travail avec honnêteté et rigueur, au point de désirer et même de susciter sa mort ? Décidément, la vie n'est jamais aisée. Mais quand l'envie et les envieux s'y mêlent, cela devient plus complexe. La morale de l'histoire est simple : « Peu importe votre puissance, soyez prudent avec le temps. »

Une autre histoire ! À la fin des années 90, sous la forte pression du top management, tout le personnel de l'entreprise fut invité à assister à une assemblée générale extraordinaire. La cantine, lieu de restauration par essence, fut transformée pour la circonstance en salle de réunion. À l'ordre du jour, un seul point d'information. En réalité, le but secret était d'abattre définitivement le requin-pèlerin présenté comme « l'empêcheur de tourner en rond ».

Le squale, ne se doutant de rien, s'est rendu fort aise à la réunion. Dès son arrivée, les regards le fusillèrent au point qu'il réalisa immédiatement qu'une intrigue s'était dressée contre lui. Hué et conspué, il garda son calme et s'installa dans la salle bondée de collègues dont l'hostilité était clairement manifeste.

Dans une mise en scène habilement ourdie, la rencontre commença avec des informations alambiquées pour haranguer la foule : « On a négocié et convenu avec la direction générale d'un avancement pour tout le personnel (tonnerre d'applaudissements), à l'exception d'une seule personne dont le dossier est indéfendable (silence). En effet, si la banque a des difficultés actuellement, c'est en raison de cette personne qui est en accointance avec la presse… Nous ne la nommerons pas, mais elle se reconnaîtra et tout le monde la connait d'ailleurs. Qu'elle sache qu'elle n'aura pas notre soutien lorsqu'elle rencontrera des problèmes avec la direction générale… »

Dès la fin de la diatribe du président de séance, le requin-pèlerin agita sa nageoire pectorale pour demander la parole. Dans le vacarme ambiant, une épaisse sueur se libéra sur le visage du présidium. Bruyants et chambreurs, ses tenanciers feignirent de ne pas remarquer le squale. Pourtant, celui-ci insista. L'un des partisans les plus fervents de la direction générale, pressé d'en découdre, éclata de colère : « Qui se sent morveux qu'il se mouche ! » Le président de séance reprit ses esprits et tenta de tiédir l'ambiance surchauffée : « On avait bien prévenu que ce n'était qu'un point d'information. Ainsi, aucune question ne serait admise. » Malgré tout, le requin était résolu à s'exprimer. Cette fois-ci, il agita sa nageoire caudale afin de se faire remarquer davantage.

L'insistance finit par payer. Dans un silence de cathédrale, il prit la parole : « Je souhaite simplement vous faire part d'une seule chose… (un grand bruit suivi de silence). Si je n'avance pas selon la volonté des hommes, j'avancerai par la Volonté de Dieu ». En agissant ainsi, il venait d'invoquer le Connaisseur de l'invisible et du visible qui sait tout, qui voit tout, qui entend tout, qui peut tout… et qui est témoin de tout. La réunion se termina dans un tohu-bohu indescriptible et chacun quitta les lieux avec une conscience empreinte d'admonition et de prémonition.

Durant sa longue carrière, le requin-pèlerin n'avait pas progressé d'un seul échelon, malgré qu'il eût occupé d'importants postes de responsabilité au sein de l'entreprise. Sa compétence et sa probité étaient reconnues par tous, même par ses meilleurs ennemis.

Il ne s'est jamais plaint. Pas une seule (petite) fois en trente-trois ans de métier. Il s'était fixé trois lignes rouges. Primo, ne jamais discuter de salaire et de poste avec sa hiérarchie. Secundo, ne jamais marchander son honneur et sa dignité. Tertio, il a toujours combattu l'injustice et défendu la vérité, quelles que soient les parties en présence, défendeurs ou pourfendeurs. Altruiste, il s'est inlassablement investi pour les autres, pour la maison commune, en renonçant même souvent à ses droits, au point d'être considéré comme un « échoïste[81] ».

---

[81] L'échoïsme est un terme qui a été inventé en 2005, empruntant à la mythologie grecque, pour désigner une affection caractérisée par une tendance à mettre en avant, et de manière excessive, les besoins des autres avant les siens. Source : https://www.ouest-france.fr/

À deux décennies de longueur de la fameuse assemblée dite de la cantine, le Détenteur du pouvoir suprême trancha nette : le requin-pèlerin qui était maintenu dans les profondeurs des livres sociaux de la banque fut promis à la classe la plus élevée, jamais atteinte par un cadre au cours de l'histoire centenaire de cette entreprise.

Cette citation du Président américain Harry S. Truman, rappelée d'ailleurs en épigraphe, répond à la question posée précédemment par le directeur général de banque au sujet du requin-pèlerin : « Je n'ai jamais pourri la vie de quiconque. J'ai juste dit la vérité, et ils ont pensé que c'était l'enfer. »

Morale de l'histoire : La vérité a un coût, il faut accepter de payer le prix ou se rallier à la fourberie, à défaut de se complaire dans le silence (la pire des postures).

Conclusion

Sur cette Terre des Hommes, chaque peuple a ses propres croyances, ses coutumes, ses rites, ses mythes et ses mystères. Que l'on fasse semblant de l'ignorer, de ne pas y croire ou qu'on l'accepte, la pratique mystique, et tout ce qui peut entourer ce concept valise, est une réalité qui fait partie du quotidien de nombreuses personnes à travers le monde.

En dépit de l'avancée de la modernité, elle ne s'est jamais aussi bien portée. Les officines ne désemplissent pas. Dans la doxa populaire, les forces obscures et les esprits invisibles sont très redoutés et leurs praticiens sont très craints, suscitant peur, horreur et terreur dans leur voisinage. Le milieu de la finance n'est pas exempt. Il est important d'intégrer ce phénomène dans la gestion d'un établissement bancaire, sans pour autant le surestimer afin de ne pas dissimuler la réalité.

Le banquier n'est ni un caqueteur, ni un raquetteur, encore moins un braqueur. Il exerce un métier noble et anoblissant. On ne peut donc pas s'inviter ou s'improviser banquier ou responsable dans une banque, en se basant uniquement sur sa « puissance de feu », l'épaisseur de son carnet d'adresses ou le poids de ses amulettes, talismans, cordelettes et autres gris-gris. Être un banquier est un métier gratifiant qui permet à des milliers de personnes, morales et physiques, de réaliser le rêve de leur vie. Donc, le titre de « banquier » se mérite, il ne s'impose pas, il ne s'attribue pas non plus. Ce n'est pas parce que l'on travaille dans une banque que l'on est banquier. Absolument pas ! Le métier de banquier est exigeant. Il requiert de celui qui l'exerce de la rigueur et de la probité morale, bien avant d'autres critères souvent mis en avant lors des recrutements ou du choix des responsables. C'est dire que les banques ne peuvent pas être gérées comme des épiceries, même s'il est indiqué, du point de vue commercial, qu'elles en aient l'agilité. Elles ne peuvent pas, non plus, être des lieux de pratiques mystiques, encore moins d'être un réservoir à l'escroquerie, un dépotoir aux fanatiques, un dortoir aux démons, un abattoir aux exorcistes, un crachoir aux charlatans, un comptoir aux arnaqueurs, un accoudoir aux enchanteurs, un foutoir aux manipulateurs, un abreuvoir aux occultistes, un séchoir aux affairistes, un bavoir aux illusionnistes, un déversoir aux alchimistes, un manoir aux imposteurs, un égrugeoir aux menteurs et un vidoir aux bonimenteurs...

La banque nécessite, plus que toute autre entreprise, une régulation rigoureuse, mais surtout une équipe de dirigeants et de collaborateurs compétents et intègres, prêts à servir plutôt qu'à se servir. Les spécialistes de la finance nous enseignent que les banques « vendent du temps », allant de quelques heures à plusieurs années. Même si le temps n'a pas la même allure pour tout le monde, il semble, selon Euripide, qu'il révèle tout : c'est un grand bavard qui parle sans être interrogé. Alors, tâchons de rester à l'écoute !

TABLE DES MATIÈRES

Chapitre introductif …………………………………….…………..7

Chapitre 1 : Les pratiques de corruption en milieu bancaire …….21

    1- Définition de la corruption en milieu bancaire ……………….32

    2- L'incivisme à la base de la corruption ……...…………………40

    3- La corruption dans la zone UEMOA …………………….....43

    4- La corruption en milieu bancaire ……………………………..45

        4.1- Un phénomène mondial ……………………………....47

        4.2- La corruption bancaire dans l'UMOA ……………...…….50

    5- Pistes de solution : la prévention et la lutte contre la corruption dans les banques ……………………………………...…....56

Conclusion ……………………………………………………...59

Chapitre 2 : Les pratiques mystiques en milieu bancaire ..……....61

    1- Concept de la « pratique mystique » …………………………68

2- Les pratiques mystiques : un phénomène répandu 73

3- La pratique mystique en milieu bancaire ….......................89

Histoire n° 01 : Sel pour sceller le rang ! ….....................95

Histoire n° 02 : Encens si tu nous tiens ! ………………….98

Histoire n° 03 : Le suicide si je mens ! ………………………101

Histoire n° 04 : Les orques, le grizzli et le léopard ……….......106

Histoire n° 05 : Un duo pour un duel ……….…............116

Histoire n° 06 : Le devin et l'homme de droit ………………122

Histoire n° 07 : Le phénix …………………………………...124

Histoire n° 08 : Le huitième ciel, si tu m'attrapes !......................126

Histoire n° 09 : Le vieux temple ………………………….128

Histoire n° 10 : La burqa bancaire …………………………...133

Histoire n° 11 : Un bronzage express …………………………136

Histoire n° 12 : Le canapé managérial ……………………137

Histoire n° 13 : Le toit de la toilette ……………………....138

Histoire n° 14 : Une épicerie très épicée ……………………………….140

Histoire n° 15 : La cour ! ……………………………………………….141

Histoire n° 16 : Le marché des dupes, des entourloupes et des taupes.144

Histoire n° 17 : Le cleptomane ………………...…………………….153

Histoire n° 18 : Ces chiens qui sauvent ! …………………………..156

Histoire n° 19 : Vous avez dit VIP ? Vous voilà servis ! ……………..158

Histoire n° 20 : Des berges rocailleuses aux bureaux feutrés ………....159

Histoire n° 21 : Un vampire pour le pire……………………………….161

Histoire n° 22 : Un drôle de papetier …………………………………..162

Histoire n° 23 : Le clandestin……………………………………..164

Histoire n° 24 : Une vie pas si ordinaire ! 168

Conclusion …………………………………...……………………....175

Table des matières …..……………………............................177
Liste des sigles et abréviations ……………………....……........180
Bibliographie …………………………………………….….... 182

LISTE DES SIGLES ET ABRÉVIATIONS

ANC	African National Congress
BCEAO	Banque centrale des États de l'Afrique de l'Ouest
BoD	Books On Demand
CDD	Contrat à durée déterminée
CDI	Contrat à durée indéterminée
DG	Directeur Général
FCFA	Franc CFA
FMI	Fonds monétaire international
GAFI	Groupe d'action financière
HSBC	Hong Kong & Shanghai Banking Corporation
ICIJ	International Consortium of Investigative Journalists
IPC	Indice de perception de la corruption
ISO	International Organization for Standardization
J.-C.	Jésus Christ
OCDE	Organisation de coopération et de développement économiques
OVNI	Objet volant non identifié

UEMOA	Union économique et monétaire ouest-africaine
UMOA	Union monétaire ouest-africaine
UNESCO	United nations educational, scientific and cultural organization
VIP	Very important person

BIBLIOGRAPHIE

- Attac & Basta ! *Le livre noir des banques*, LLL, Les liens qui libèrent, 2015.

- John Patrick Dobel, *Intégrité morale et vie publique*, Nouveaux Horizons, Paris, 2e tirage, 2006.

- Robert Klitgaard, *Combattre la corruption*, Nouveaux Horizons – ARS, Paris, 1995, 5e tirage, novembre 2006.

- Yves Theriault, *Les vendeurs du temple*, éditions de l'Homme, 1964.